Speranza per l'Europa

66 Tesi

di

Thomas Schirrmacher

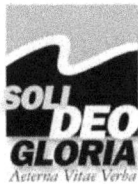

SOLI DEO GLORIA
Aeterna Vitae Verba

VTR

ISBN 978-3-933372-09-3

Seconda edizione

© 2008 Thomas Schirrmacher e
VTR, Gogolstr. 33, 90475 Nürnberg, Germania
VTR Pubblicazioni, Via Bentivoglio, 8, 29100 Piacenza, Italia
http://www.vtr-online.eu

In collaborazione con
Soli Deo Gloria
C.P. 113
29100 Piacenza
☎ & 🖷 0523 / 453281
kurtjost@tin.it

Traduzione: Jonathan A. Diprose
Correzione: Thomas Mayer
Illustrazione in copertina: VTR
Disposizione: VTR
Printed in Italy

Dedicato a

Rudolf Diezel

Un modello e un amico paterno

"Ora dunque queste tre cose durano:
fede, speranza, amore; ma la più grande di esse
è l'amore."
(1Corinzi 13:13)

"Ma glorificate il Cristo come Signore nei vostri cuori. Siate sempre pronti a rendere conto
della speranza che è in voi a tutti quelli che vi
chiedono spiegazioni."
(1Pietro 3:15)

"Infatti io so i pensieri che medito per voi - dice
il SIGNORE - pensieri di pace e non di male,
per darvi un avvenire e
una speranza."
(Geremia 29:11)

"La speranza rappresenta per l'esistenza umana
ciò che l'ossigeno rappresenta per i polmoni.
Senza l'ossigeno, il paziente muore d'asfissia.
Senza speranza, l'individuo è preda di un soffocamento da disperazione, la paralisi del vigore spirituale dovuta ad un sentimento di inesistenza, dell'assurdità della vita."
(Emil Brunner)

Indice

SPERANZA PER L'EUROPA –
DOVE SONO FINITI I TEOLOGI?

C'erano una volta alcuni uomini che si incontrarono in Olanda per considerare i modi attraverso i quali si potesse stimolare un risveglio spirituale in Europa.

No, non è una favola, ma ciò che è davvero accaduto nel 1993! Questi uomini erano il Segretario Generale dell'Alleanza Evangelica Europea e alcuni direttori di diverse missioni impegnate nell'Europa occidentale e orientale.

La questione era di trovare il modo di combinare le mete e le possibilità di chiese e di missioni non denominazionali a livello europeo. Avevamo bisogno di un piano abbastanza generico da rendere possibile l'identificazione in esso di molti gruppi, ma non così generico da mancare di chiari limiti.

Durante le nostre discussioni Dio ci ha posto nel cuore tre termini, FEDE, SPERANZA e AMORE (1 Co 13). Il termine FEDE è molto importante per i credenti impegnati, ma è spesso considerato troppo pio fuori dall'ambito delle chiese. Tutti cantano e parlano d'AMORE, ma spesso in maniera che non onori Dio per niente. La SPERANZA è sulla bocca di tutti nella politica e nell'economia. Dov'è la speranza per i Balcani, per i nostri giovani, per gli anziani?

E così fu coniato il nome **SPERANZA PER L'EUROPA.**

Come possiamo dimostrare il basamento biblica della nostra speranza e affermarlo di fronte sia ai credenti impegnati che ai non credenti? Come possiamo dichiarare quali siano le nostre speranze ai membri del Parlamento, agli uomini d'affari, alle madri di famiglia? Come possiamo sventolare una bandiera di speranza in un mondo che affoga nella disperazione e nel pessimismo?

Siamo quindi profondamente felici di presentare le tesi del Dott. Thomas Schirrmacher. Queste affermazioni combinano il nostro desiderio di rendere accessibile a molti, teologi e laici, il tesoro della speranza biblica, con quello di incoraggiarli a considerare la questione.

Dott. Peter Regez
Presidente del gruppo di studio SPERANZA PER L'EUROPA, dell'ALLEANZA EVANGELICA EUROPEA e di LAUSANNE EUROPA, e direttore delle missioni internazionali della JANZ TEAM.

LA SPERANZA PER L'EUROPA

In un'Europa multietnica, multireligiosa e postcristiana, nella quale la parola speranza è svuotata del suo significato, i credenti hanno l'obbligo di annunciare in maniera credibile il messaggio che soddisfi coloro che ci domandano le ragioni della nostra Speranza. (1 Pi 3:15) Con le 66 tesi scritte nel suo libro "Speranza per l'Europa", Thomas Schirrmacher, intende richiamare l'attenzione del lettore al fatto che oggi più che mai abbiamo bisogno di speranza, che sperare è un atto razionale che ogni credente compie, in quanto la fede è certezza di cose che si sperano. (Eb 11) La speranza crea unità, crea amore, perché l'amore crea speranza.

Tutti i credenti dell'Europa devono unirsi (Gv 17:14) nella Speranza e dimostrare al mondo che non sono le nostre personali convinzioni o le nostre denominazioni a costruire la Speranza di cui abbiamo bisogno, ma l'amore e la grazia concretizzate in Gesù Cristo. La mancanza di unità crea incredibilità al nostro messaggio e toglie la Speranza. La speranza guarda al futuro. Il Regno dei cieli è il traguardo del credente, un traguardo presente, perché i suoi caratteri e valori, con l'aiuto dello Spirito Santo, possono prodursi nel nostro presente. Il mondo così come lo vediamo è talmente lontano dalla giustizia, dalla pace, dalla solidarietà e dalla compassione; il credente sa, e deve annunciare che le tenebre non dureranno sempre, anzi, stanno passando, e che chi crede in Cristo Gesù, morto al nostro posto e resuscitato per la nostra giustificazione, è luce che risplende. Dio stesso è la sorgente della nostra speranza, ci ama e ci cerca senza sosta. La nostra gente caratterizzata dalla filosofia materialistica; si crede solo a ciò che si vede; ha un bisogno estremo del messaggio che richiama l'attenzione al Dio invisibile, che con il dono del Suo Spirito ripropone i valori che partono dalla nostra interiorità. Dobbiamo imparare dai nostri fratelli del terzo mondo.

La Speranza da coraggio, ottimismo, produce attività serena, libera da angosce inutili, gioia nonostante tutto perché chi spera attende dal futuro il meglio e non il peggio, perché in Dio per mezzo di Gesù Cristo, le cose impossibili diventano possibili. Abbiamo speranza anche nell'imminenza del Giudizio che incombe, e possiamo lavorare per meglio conservare la creazione, operare per una politica più efficace che tenga più conto di chi è più debole, applicando meglio la giustizia, distribuendo più equamente le risorse. Dimostrare che la Speranza non è il prodotto di una forma religiosa ne il risultato di una speculazione teologica, ma un messaggio che dimostra Dio nella concreta espressione della nostra testimonianza. Dobbiamo unirci per rendere credibile il nostro messaggio risvegliando l'Europa alla Speranza.

Roberto Mazzeschi
Presidente dell'Alleanza Evangelica Italiana

SPERANZA PER L'EUROPA
66 TESI

ABBIAMO BISOGNO DI SPERANZA

"A mio parere l'integrazione europea offre delle opportunità immense per le missioni, che costituiscono
sia un dono che un dovere dati alla nostra generazione dal Dio della storia. Con il Suo aiuto e sotto la sua
sapiente provvidenza, possiamo sfruttare queste opportunità, se oggi prendiamo le giuste decisioni."[1]

*Lo studio che segue è stato scritto per "Speranza per l'Europa", un con-
siglio che comprende sia l'Alleanza Evangelica Europea, sia il ramo europeo del Movimento di Losanna, e intende fare da sostrato alla prima
consultazione della sua commissione teologica alla* **conferenza Speranza
21** *a Budapest.*

*Questo scritto analizza l'uso del concetto di "speranza" nell'Antico[2] e
Nuovo Testamento e considera il significato che questi testi hanno per noi
oggi (verranno citati i brani dalle Scritture.).*

*Ogni tesi verrà sviscerata da un punto di vista biblico teologico, e accom-
pagnata da un'applicazione pratica relativa alla nostra situazione.*

---

[1] Bernhard Knieß. "Die Chancen der europäischen Integration für die Mission". Evangeli-
kale Missiologie 16 (2000) 4: pp. 122-133, here p. 122. Questo articolo contiene dati recen-
ti e importanti sproni per i credenti d'Europa.

[2] Nell'Antico Testamento sono utilizzati quattro verbi e un sostantivo, derivato dalla radice
di uno di quei verbi, per significare il concetto che noi chiamiamo "speranza".

1. La speranza è razionale

Tesi: La Speranza non è un sentimento vago basato su mere opinioni o supposizioni. Dio comanda ai cristiani di rendere conto di ciò in cui speriamo: che cosa speriamo, perché e come?[3]

È chiaro che Pietro si aspetta che la chiesa consideri attentamente le proprie speranze: "Siate sempre pronti a rendere conto della speranza che è in voi a tutti quelli che vi chiedono spiegazioni" (1 Pi 3:15b). Prima di rendere conto agli altri, dobbiamo rendere conto a noi stessi. La speranza non contraddice la riflessione, e una riflessione approfondita non demolirà la speranza. Anzi, una considerazione deliberata, cosciente, crea la distinzione tra la vera speranza e la semplice ricerca di un facile conforto. Di conseguenza, Pietro può parlare delle ragioni della nostra speranza.[4]

Poiché le nostre vite da credenti devono essere cambiate dal rinnovamento del nostro pensiero (Ro 12:2), possiamo trovare nuova speranza solo quando siamo pronti ad abbandonare i nostri vecchi schemi mentali in cambio di pensieri nuovi. Dobbiamo ripetutamente chiedere allo Spirito Santo di illuminare la nostra ragione. "Egli illumini gli occhi del vostro cuore,[5] affinché sappiate a quale speranza vi ha chiamati, qual è la ricchezza della gloria della sua eredità che vi riserva tra i santi" (Ef 1:18), *il che significa niente meno che la comprensione che tutta la trinità, Padre, Figlio e Spirito, sono Dio* (Ef 1:17), perché possiate conoscerlo pienamente". Studiamo la Bibbia per ottenere speranza sia per noi che per le nostre famiglie, per le nostre chiese e per la nostra società. "Poiché tutto ciò che fu scritto nel passato, fu scritto per nostra istruzione, affinché mediante la pazienza e la consolazione che ci provengono dalle Scritture, conserviamo la speranza" (Ro 15:4).

---

[3] In molte lingue la parola "speranza" vuole dire tre cose diverse: 1. L'azione di sperare, 2. L'oggetto della mia speranza, 3. La persona o cosa che deve esaudire la mia speranza. Per i credenti, dunque, abbiamo: 1. La speranza nei nostri cuori, 2. La speranza della salvezza, 3. La speranza in Dio, che crea la nostra speranza.

[4] In greco: lógon perì tes elpídos.

[5] Nella Bibbia il cuore è sede del pensiero.

2. La speranza è tipica dei credenti – Fede e speranza vanno insieme

Tesi: La speranza è un fattore caratterizzante dei credenti (Eb 3:6; Ef 4:4), poiché "la fede è certezza di cose che si sperano, dimostrazione di realtà che non si vedono" (Eb 11:1).

Dunque la speranza è la confessione basilare di ogni credente, infatti "manteniamo ferma la confessione della nostra speranza, senza vacillare; perché fedele è colui che fatto le promesse" (Eb 10:23). La Bibbia mette del continuo l'enfasi sull'intimo rapporto tra la fede e la speranza, come ad esempio nei seguenti due esempi, per bocca di Pietro e di Paolo. Riguardo a Gesù, Pietro dice "per mezzo di lui credete in Dio che lo ha risuscitato dai morti e gli ha dato gloria affinché la vostra fede e la vostra speranza siano in Dio" (1 Pi 1:21), e Paolo ci ricorda che per mezzo di Cristo "abbiamo anche avuto, per la fede, l'accesso a quella grazia nella quale stiamo fermi. E ci gloriamo nella speranza della gloria di Dio" (Ro 5:2). Pietro non lascia spazio a dubbi riguardo al fatto che la nuova nascita - quell'opera divina che ci rende credenti - dà una speranza viva: "Benedetto sia il Dio e Padre del Signore Gesù Cristo, che nella sua grande misericordia ci ha fatti rinascere a una speranza viva mediante la risurrezione di Gesù Cristo dai morti" (1 Pi 1:3). La nostra speranza viva non dovrebbe essere manifesta al mondo?

I credenti europei devono imparare a dichiarare la propria speranza in ogni occasione e a ricordare alle chiese che la speranza, e non la rassegnazione, il timore o la dissimulazione, è l'emblema della nostra fede. In particolare gli evangelici devono proclamare che la speranza e la nuova nascita sono inseparabili - non solamente in teoria, ma anche nella vita quotidiana.

3. La speranza crea unità

Tesi: è la speranza ad unire tutti i credenti: Poiché "vi è un corpo solo e un solo Spirito, come pure siete stati chiamati a una sola speranza, quella della vostra vocazione" (Ef 4:4), i credenti non raggiungeranno mai l'unità senza dichiarare la propria speranza comune.

I credenti europei devono unirsi nella loro speranza e mostrare al mondo che non siamo noi, la nostra chiesa o le nostre organizzazioni, a costituire quella speranza, ma l'amore e la grazia di Dio concretizzate in Gesù Cristo. Chiunque muove un attacco all'unità dei credenti toglie all'Europa la speranza.

4. L'amore crea speranza - La speranza crea amore

Tesi: L'amore e la speranza sono inseparabili. Per questa ragione Paolo può "[ricordarsi] continuamente, davanti al nostro Dio e Padre, dell'opera della vostra fede, delle fatiche del vostro amore e della costanza della speranza nel nostro Signore Gesù Cristo" (1 Te 1:3). La fede, la speranza e l'amore sono spesso nominati insieme (1 Co 13:13. Vedi anche Col 1:5 e Ga 5:5-6). "Lo stesso Signore nostro Gesù Cristo ... che ci ha amati e ci ha dato per la sua grazia una consolazione eterna e una buona speranza," (2 Te 2:16) è l'amore di Dio che produce speranza, poiché "la speranza non delude, perché l'amore di Dio è stato sparso nei nostri cuori mediante lo Spirito Santo che ci è stato dato" (Ro 5:5). Questo amore che Dio ci dà è l'origine di speranza per altri, poiché l'amore "soffre ogni cosa, crede ogni cosa, spera ogni cosa, sopporta ogni cosa" (1 Co 13:7).

Come ci dice Gesù, una società senza speranza e senza la legge di Dio è fredda e senza amore. "Poiché l'iniquità aumenterà, l'amore dei più si raffredderà" (Mt 24:12). L'opposizione ai comandamenti di Dio significa opposizione all'amore. *Nessun altro testo descrive meglio il problema basilare dell'Europa. Nessuno può ripudiare le leggi di Dio senza ripudiare così l'amore. Non restituiremo mai amore alle nostre famiglie, alle nostre chiese, ai nostri rapporti interpersonali, alla nostra società o al nostro governo fino a quando non torniamo alla Legge di Dio. L'essere "senza legge" finisce sempre per essere "senza amore" - come del resto è chiaramente dimostrato dalla nostra situazione attuale! Sin dagli anni '60 parliamo d'amore molto più di prima, e intanto il crimine e l'odio continuano ad aumentare in ogni area della vita. La nostra società ha dimenticato cosa sia il vero amore! Come può l'Europa re-imparare l'amore, quando i credenti né lo insegnano, né tanto meno lo vivono?*

5. L'essere umano non può vivere senza speranza

Tesi: La speranza è essenziale per l'essere umano. "La speranza rappresenta per l'esistenza umana ciò che l'ossigeno rappresenta per i polmoni. Senza l'ossigeno, il paziente muore d'asfissia. Senza speranza, l'individuo è preda di un soffocamento da disperazione, la paralisi del vigore spirituale dovuta ad un sentimento di inesistenza, dell'assurdità della vita." (Emil Brunner)[6]

---

[6] Emil Brunner. op. cit., p. 7.

La civiltà occidentale non ha mai messo in dubbio questo fatto, anche se molti hanno posto la propria speranza in altri che non fossero il Padre di Gesù Cristo. Platone definì la speranza come "la prospettiva di qualcosa di buono",[7] che è una buona definizione dell'esistenza umana. E che dire del filosofo di sinistra Ernst Bloch, che ha scritto "Il principio Speranza",[8] un libro che ha avuto un'influenza estesa?

L'influenza della speranza può ritrovarsi in svariate ideologie europee, quali il marxismo[9] e il nazionalsocialismo[10]. La fiducia nei conseguimenti futuri di queste filosofie da loro un'immensa influenza e spinge le persone a dedicare ad esse la loro intera esistenza. La New Age, l'Islam, le sette giovanili, nonché i programmi dei partiti politici traggono tutti la loro forza dalla loro visione del futuro. La Bibbia non fa eccezione, soltanto che la sua rivelazione è veritiera, poiché Colui che ha ispirato le Scritture è Colui che modella il futuro.

La speranza, un elemento essenziale della dignità dell'uomo (che è stato creato ad immagine di Dio) è sia un diritto dell'individuo stesso, sia un diritto che ognuno deve concedere agli altri. Si rinuncia a questo diritto soltanto nel momento in cui l'individuo sceglie di non credere in Dio. Ogni persona ha un modo di vedere il futuro - anzi, secondo la disciplina degli Studi Religiosi Comparati, ogni religione ha una qualche spiegazione della storia futura del mondo.

Ogni essere umano in vita può e dovrebbe sperare (Ec 9:4), mentre coloro che sono morti non possono più farlo (Ec 4:5-6) a meno che la loro fede in Dio permette loro di sperare nella risurrezione dai morti.[11]

---

[7] Platone. Definitiones 416.

[8] Ernst Bloch. Das Prinzip Hoffnung. 3 Vols. Suhrkamp: Frankfurt, 1982 (Originale 1954-1959, varie ristampe); The Principle Hope. Blackwell: Oxford, 1986.

[9] Vedi Thomas e Christine Schirrmacher "Der Kommunismus als Lehre vom Tausendjährigen Reich". Factum 11+12/1986: pp. 12-19 e Thomas Schirrmacher. Marxismus - Opium für das Volk?. Schwengeler: Berneck, 1990[1]; VKW: Bonn, 1997[2].

[10] Vedi Thomas Schirrmacher. "Die Religion des Nationalsozialismus: 14 Dokumente". Factum 11/1989: pp. 506-510; ders. "Adolf Hitler und kein Ende: Ausgewählte neuere Literatur zur Geschichte und Vorgeschichte des National-sozialismus". Factum 6/1989: pp. 252-255; ders. 'Das göttliche Volkstum' und der 'Glaube an Deutschlands Größe und heilige Sendung': "Hans Naumann im Nationalsozialismus". 2 Vols. VKW: Bonn, 1992[1]; 2000[2].

[11] Vedi la tesi riguardante la resurrezione.

6. Il domani esercita un'influenza sull'oggi

Tesi: Le nostre aspettative o speranze per il futuro determinano il nostro modo di agire oggi. Il presente di ogni essere umano dipende dalle sue aspettative sul futuro.

La Bibbia ci offre un numero considerevole di esempi di avvertimenti, consolazioni e comandamenti relativi al presente, basati su promesse riguardo al futuro. Se affermiamo di farcela senza aspettative sul futuro, prendiamo in giro noi stessi, perché così facendo accettiamo automaticamente i modi di pensare della nostra società. Purtroppo molti credenti riflettono più le opinioni dei politici o della televisione che non l'insegnamento biblico. I nostri giudizi pessimistici sul nostro futuro personale, su quello della chiesa o del mondo sono determinati anche da particolari opinioni sul futuro, anche se non sempre riusciamo a definire chiaramente queste idee.

Poiché le nostre opinioni sul futuro hanno un peso non indifferente nel nostro atteggiamento verso il futuro immediato è necessario chiedersi quale sia la visione della realtà più giusta. Quando non ci creiamo delle idee concrete lasciamo spazio a movimenti e sette quali i Testimoni di Geova, che si affidano ai loro particolari sistemi escatologici. In effetti, una volta compresa la loro escatologia, si comprende la loro dottrina. Lo stesso si può dire anche per molti strani gruppi secessionisti esistenti nell'ambiente evangelico. Dobbiamo trovare risposte chiare per questi movimenti, anche se è necessario tollerare un certo grado di variazione.

Domande sul futuro dipendono da questioni centrali della fede cristiana, quali la seconda venuta di Cristo, il giudizio finale e la resurrezione dai morti; questioni che sono inseparabili dalla natura e dal ruolo di Gesù. Per questo è essenziale distinguere tra questioni cui la Bibbia da una risposta chiara (che Gesù tornerà per giudicare tutti gli uomini), questioni cui la Bibbia da una risposta solo parziale, e questioni che sono del tutto ignorate nelle Scritture e che nascono solo quando i teologi si ostinano a completare i sistemi che hanno sviluppato. Solo questa chiarezza nel nostro insegnamento può porre un freno al fiume di falsa profezia negli ambienti evangelici.

7. La speranza crea un futuro vero

Tesi: Se Dio non ci avesse dato un futuro, noi non l'avremmo. Solamente perché Egli ci promette un futuro, noi lo abbiamo. "C'è speranza per il tuo futuro", dice il Signore (Gr 31:17).

Questo futuro non è una semplice progressione temporale, ma rappresenta gli alti e i bassi della storia, che portano, in ultimo, a un futuro positivo. "Infatti io so i pensieri che medito per voi, - dice il Signore – pensieri do pace e non di male, per darvi un avvenire e una speranza" (Gr 29:11). Chiunque prenda come punto di partenza il fine della storia e includa nella sua veduta il giudizio finale di Dio starà considerando un futuro autentico sia come qualità che come quantità, "poiché c'è un avvenire, e la tua speranza non sarà delusa" (Pr 23:18).

8. La speranza non è un freddo calcolo; essa ha a che fare con cose ancora invisibili

Tesi: La forza della speranza cristiana risiede nella sua fede e nella sua dipendenza dal mondo invisibile. "La speranza è null'altro che un dipendere da e un aspettare cose che non si vedono" (Martin Lutero).

Lutero trasse questa affermazione dalla definizione della fede data nella lettera agli Ebrei. "Or la fede è certezza di cose che si sperano, dimostrazione di cose che non si vedono." (Eb 11:1). Paolo aggiunge: "Poiché siamo stati salvati in speranza. Or la speranza di ciò che si vede, non è speranza; difatti, quello che uno vede, perché lo spererebbe ancora? Ma se speriamo ciò che non vediamo, l'aspet-tiamo con pazienza." (Ro 8:24-25).

È solamente questa qualità che da alla speranza quel potere liberatorio e capace di trasformare spiritualmente che i non credenti non riescono a comprendere.

Il materialismo che abbiamo visto nell'Europa occidentale negli ultimi decenni potrà sembrare avere una forma differente da quello dell'Europa orientale, ma le radici delle due forme coincidono. In un continente più plasmato dal materialismo di qualunque altra parte del mondo, dove molti credono solo in ciò che vedono, la gente ha un bisogno disperato del messaggio che afferma che la vera speranza si trova solamente in un Dio invisibile, e che i veri valori vengono dall'interiorità. I credenti europei potrebbero imparare molto dai loro fratelli nel "Secondo e Terzo Mondo".

LA SPERANZA IN DIO SOLO NON DIPENDE DA NOI

9. La speranza dipende dalla grazia, non dalle opere

Tesi: La base della nostra fede dimostra chiaramente che tutto dipende dalla grazia di Dio e non dalle nostre opere, poiché queste sono all'origine di tutto ciò che possiamo comprendere e raggiungere, e queste cose sono assolutamente insufficienti per una vera trasformazione.

Come ha dichiarato Martin Lutero: "La speranza non viene dai nostri meriti. I nostri meriti vengono dalla speranza". La dottrina della giustificazione per fede, che Lutero riscoprì, è la base della speranza che non dipende dai meriti: "affinché, giustificati dalla sua grazia, diventassimo, in speranza, eredi della vita eterna" (Ti 3:7). Pietro raccomanda: "abbiate piena speranza nella grazia che vi sarà recata al momento della rivelazione di Gesù Cristo" (1 Pi 1:13) e altri scrittori spesso nominano la speranza insieme alla grazia (ad esempio, 2 Te 2:6; Sl 13:6; 130:7). Isaia prega: "SIGNORE, abbi pietà di noi! Noi speriamo in te. Sii tu il braccio del popolo ogni mattina, la nostra salvezza in tempo di angoscia!" (Is 33:2).

10. Non si può guadagnare la speranza

Tesi: La speranza dipende dalla grazia e non dalla nostra pietà o da un teologia corretta e superiore, per quanto possiamo sforzarci a vivere e pensare in maniera conforme al volere di Dio.

Elifaz, uno degli amici di Giobbe, chiede: "Il tuo timor di Dio non ti da fiducia, e l'integrità della tua vita non è la tua speranza?"(Gb 4:6). Giobbe, però, che si trova in uno stato pietoso (Gb 17:13,15), ha imparato a basare la sua speranza solamente su Dio.

Quando nell'epistola agli Ebrei si parla de "la speranza di cui ci vantiamo" (Eb 3:6), e quando Paolo dice: "ci gloriamo nella speranza della gloria di Dio" (Ro 5:2) non si stanno vantando e gloriando dei propri conseguimenti ma danno a Dio la gloria, e si "vantano" di qualcosa che in nessun modo hanno meritato, ma che è invece disponibile anche per gli altri.

La speranza, dunque, è un dono di Dio tanto quanto lo è l'oggetto della nostra speranza. L'uomo non potrà mai guadagnarsi la speranza, in quando "la speranza sorge nel momento in cui Dio ha misericordia di noi e la versa nei nostri cuori" (Martin Lutero). "La speranza si basa sulla benevolenza pura e immeritata di Dio, che ci è stata promessa per grazia, e che deve essere richiesta da coloro che non la meritano" (Martin Lutero). Un sano ottimismo, in un mondo in cui regnano la sofferenza, l'ingiustizia, le catastrofi e il fallimento morale, è un dono di Dio, che tutti dovremmo richiedere in preghiera.

11. Dio non solo ci da speranza; Egli è la ragione della nostra speranza

Tesi: Dio non solo ci da qualcosa in cui sperare. Egli stesso è l'essenza della nostra speranza. "E ora, o Signore, cosa aspetto? La mia speranza è in te" (Sl 39:7). I salmi esprimono ottimamente questo concetto. "Poiché Tu sei la mia speranza, Signore, Dio; sei la mia fiducia sin dall'infanzia" (Sl 71:5); "Anima mia, trova riposo in Dio solo, poiché da lui proviene la mia speranza" (Sl 62:5); "Beato colui che ha per aiuto il Dio di Giacobbe e la cui speranza è nel SIGNORE" (Sl 146:5). Il salmista associa spesso la speranza con il timor di Dio (Sl 33:18; 147:11; 62:6).

Solo perché apparteniamo a Dio, e poiché Egli appartiene a noi, possiamo sperare. "Il SIGNORE è la mia parte – io dico – perciò spererò in Lui" (La 3:24). Dovremmo percepire il fatto che la nostra speranza non risiede in noi stessi, nelle nostre meravigliose idee o nei nostri programmi, nei nostri sforzi o nel nostro fervore, ma in Dio, colui che ci da queste idee e questo fervore. Poiché Egli è la base, il fine e l'oggetto della nostra speranza, questa continua anche nella realizzazione celestiale di tutte le speranze; Paolo dice infatti: "Ora dunque queste tre cose durano: fede, speranza, amore; ma la più grande di esse è l'amore" (1 Co 13:13), anche quando vedremo Gesù faccia a faccia (1 Co 13:12).

12. Coloro che non credono in Dio non hanno alcuna speranza

Tesi: Una delle più comuni affermazioni bibliche sulla speranza è che coloro che non credono in Dio non hanno alcuna vera speranza, ma solo una basata sulla fantasia o sull'inganno.

Paolo ricorda agli Efesini quale fosse la loro vita prima di conoscere Cristo: "In quel tempo eravate senza Cristo, esclusi dalla cittadinanza d'Israele ed estranei ai patti della promessa, senza speranza e senza Dio nel mondo" (Ef 2:12). I miscredenti sono "gli altri che non hanno speranza" (1 Te 4:13). La conseguenza logica per i credenti non è l'orgoglio, ma un avvertimento urgente a porre la propria fiducia in Dio solo, infatti "maledetto l'uomo che confida nell'uomo, e fa della carne il suo braccio, e il cui cuore si allontana dal SIGNORE" (Gr 17:5).

Ulteriori testi nell'Antico Testamento

1Cr 29:15 Noi siamo davanti a te stranieri e gente di passaggio, come furono i nostri padri; i nostri giorni sulla terra sono come un'ombra, e non c'è speranza.

Gb 8:13 Tale è la sorte di tutti quelli che dimenticano Dio; la speranza dell'empio perirà.

Gb 7:6 I miei giorni sene vanno più veloci della spola, si consumano senza speranza.

Gb 11:20 Ma gli occhi degli empi verranno meno, non ci sarà più rifugio per loro, e non avranno altra speranza che esalare l'ultimo respiro.

Gb 19:10 Mi ha demolito pezzo per pezzo. Ha sradicato come un albero la mia speranza.

Gb 27:8 Quale speranza rimane mai all'empio quando Dio gli toglie, gli rapisce la vita?

Sl 37:9 Poiché i malvagi saranno sterminati; ma quelli che sperano nel SIGNORE possederanno la terra.

Pr 11:7 Quando un empio muore, la sua speranza perisce, e l'attesa degli empi è annientata.

Pr 10:28 L'attesa dei giusti è gioia, ma la speranza degli empi perirà.

Pr 11:23 Il desiderio dei giusti è il bene soltanto, ma la prospettiva degli empi è l'ira.

13. La speranza senza Dio è ingannevole

Tesi: Il figlio prodigo ingannò se stesso quando basò le sue speranze sui suoi amici. Una volta spesi i suoi soldi, anche i suoi amici scomparvero. La speranza in suo padre si rivelò invece ben riposta, in

quanto si reggeva sull'amore e non sulla ricchezza (Lu 15:11). Quanto dovremmo essere grati per il fatto che il vero Padre in cielo "ci ha amati e ci ha dato per la sua grazia una consolazione eterna e una buona speranza" (2 Te 2:16).

Poiché "quando un empio muore, la sua speranza perisce, e l'attesa degli empi è annientata" (Pr 11:7), chiunque può cadere in disgrazia ed essere umiliato, quando dipende dagli uomini (Gb 41:1). Quando uno dipende dalle altre nazioni, si accorge che esse non hanno la facoltà di salvare (La 4:17). Quando crolla la società "aspettiamo la rettitudine, ma essa non viene" (Is 59:11b) e "noi aspettavamo la pace, ma nessun bene ci giunge" (Gr 14:19; vedi anche 2:37).

14. La speranza senza Dio deve trovarsi un sostituto all'interno della creazione.

Tesi: La speranza in Dio e la fede in Lui possono essere distrutte solo se troviamo qualcosa con cui sostituirle. Poiché non esiste un altro creatore che sia esterno alla creazione, il sostituto può trovarsi solamente all'interno della creazione, sia esso un idolo, un angelo, la natura o la ricchezza.

La caduta lo dimostra chiaramente (Ge 3:1,7). Nella nostra moderna mentalità "neutrale", Eva avrebbe forse potuto controbattere al serpente: "E' possibile che Dio non sia affidabile, e che non ci abbia detto la verità. E tu invece? Se metto in dubbio la parola di Dio, devi permettermi anche di mettere in discussione te. Non posso credere al primo che passa, quindi dammi tempo!" Questa conversazione non si è però svolta a quel tempo, come del resto era naturale. Eva poteva abbandonare la sua fiducia in Dio soltanto credendo a Satana. Non poteva mettere in dubbio Dio senza credere a qualcos'altro. La neutralità non può esistere,[12] né negli studi critici, né nelle decisioni etiche. Eva non poteva semplicemente prestare ascolto ad entrambe le parti e attendere i risultati, in quanto doveva continuare a vivere, agire e decidere. Non poteva credere ad entrambi, né ad entrambi ubbidire.

---

[12] Riassunto della visione storica di Calvino di Heinrich Berger in: Heinrich Berger. Studien zur Dogmengeschichte und Systematischen Theologie 6. Zwingli Verlag: Zürich, 1956, p. 138 (See also pp. 138-139)

15. Dio, come base della nostra speranza, non può essere sostituito né in pubblico né in privato, come accade invece nella religione di Mammona

Tesi: Qualunque speranza che non si basi in ultimo su Dio si rivelerà ingannevole, poiché si basa su qualcosa che non può dare garanzie e che un giorno decadrà essa stessa.

Osserviamo l'amore dell'Europa per il denaro e notiamo quali siano le conseguenze nella vita di ogni giorno di tali speranza vane. Nel sermone sul monte, Gesù disse: "Nessuno può servire due padroni; perché o odierà l'uno e amerà l'altro, o avrà riguardo per l'uno e disprezzo per l'altro. Voi non potete servire Dio e Mammona" (Mt 6:24; vedi anche Lc 16:13). Poco prima di questa affermazione, Egli ci aveva ammoniti a non sprecare la nostra vita accumulando tesori sulla terra, "perché dov'è il tuo tesoro, lì sarà anche il tuo cuore" (Mt 6:21; vedi anche Lc 12:34). Questa non era una nuova legge, poiché sia l'Antico Testamento che il Nuovo criticano "le ingiuste ricchezze" (il termine greco significa sia "ingiusto", sia "malvagio"). La Bibbia protegge la proprietà privata (ad esempio nei dieci comandamenti), ci invita a lavorare, e talvolta chiama la pace e la prosperità doni di Dio, e quando enfatizza il fatto che "l'operaio è degno del suo salario" (Lc 10:7; vedi anche 1 Ti 5:18), questo non solo da al lavoratore la facoltà di godersi il suo giusto guadagno, ma critica allo stesso tempo coloro che non lo retribuiscono per la sua fatica. Giacomo, fratello di Gesù, concorda: "Ecco, il salario da voi frodato ai lavoratori che hanno mietuto i vostro campi, grida; e le grida di quelli che hanno mietuto sono giunte agli orecchi del Signore degli eserciti" (Gm 5:4; vedi anche 5:1-6 e Dt 24:15)[13].

Nessuno che serva il danaro, ci dice Gesù, può allo stesso tempo servire Dio. La Bibbia individua nell'amore per il danaro la radice di ogni male (1 Ti 6:10). Bisogna notare bene che è l'amore per il danaro, e non il danaro stesso, a causare ulteriore peccato. L'avvertimento di Gesù contro Mammona ha sempre avuto un certo peso all'interno dell'etica cristiana.

---

[13] L'accusa mossa alla Bibbia da Karl Marx è assurda. Le Scritture non furono mai destinate ad essere utilizzate come "oppio dei popoli" impedendo una critica dei poteri esistenti. Non conosco altra sacra scrittura di una qualche altra religione che critichi così aspramente i governanti che si arricchiscano in maniera ingiusta e attraverso la violenza. In effetti le Scritture condannano più di tutti i credenti che siano ingiusti. Non c'è dubbio che molti vescovi e molti leader cristiani si sono resi colpevoli, ma la critica sociale della Bibbia è spesso diretta a quella leadership religiosa che opprime la propria gente e ignora le basi del proprio credo.

"Sulla base del primo comandamento, l'antitesi tra Dio e Mammona de-terminò la posizione di Lutero sull'economia."[14] Un'analisi profonda delle affermazioni di Gesù nel sermone sul monte dimostra che non solo sono condannati coloro che vivono solo per Mammona (o, come direbbe Marx, per il capitale). Mammona è stata elevata ad essere una religione, una riva-le alla fede biblica in Dio. Se Gesù non avesse utilizzato il nome di una divinità pagana, il concetto ci sarebbe risultato ancora più chiaro. Avrebbe potuto dire che dobbiamo servire un solo Dio. Preghiamo solo al Dio della Bibbia o a "Mammona", ma, come sappiamo, "Mammona" non si riferisce qui ad una divinità, ma alla ricchezza, al denaro, al capitale. In Lu 16:13, Gesù ripete: "voi non potete servire Dio e Mammona", ma pochi versi prima (in Lu 16:9,11) egli utilizza il termine per indicare il denaro utiliz-zato negli affari. La religione di Mammona può dunque prendere il posto della fede nel Dio della Bibbia. Questo era il fattore che impediva al gio-vane ricco di seguire Gesù, poiché amava la sua ricchezza più di quanto amasse Dio (Mt 19:16-30; Mc 10:17-31; Lu 18:18:30). Il giovane aveva rispettato tutti i comandamenti tranne il primo: "Non avere altri dei all'infuori di me". Anche se la religione del denaro manca di divinità, di sacerdoti, di luoghi di culto (almeno di ciò che potremmo definire templi), ciononostante è una religione, una religione ateistica, cioè senza Dio. Ge-sù sta forse paragonando due cose che non possono assolutamente essere paragonati tra di loro? Non è Dio una questione religiosa, e il denaro (Mammona) una questione economica, sociale e relativa allo stile di vita?

La religione non è mai una questione teorica nella Bibbia. Il punto non è se un movimento, una filosofia o uno stile di vita si consideri o meno una religione, ma se essa influenzi la nostra vita quotidiana. Soprattutto, le Scritture si occupano della fede e della speranza nel Dio della Bibbia. La questione non è se noi crediamo nella Sua esistenza, ma se speriamo in Lui in maniera esistenziale. "Tu credi che c'è un solo Dio, e fai bene; an-che i demoni lo credono e tremano" (Gc 2:19). Sia nell'Antico che nel Nuovo Testamento la parola "credere" significa "avere fiducia in, dipen-dere da, considerare degno di fiducia", il che ovviamente implica la spe-

---

[14] Hans-Jürgen Prien. Luthers Wirtschaftsethik. Vandenhoeck & Ruprecht: Göttingen, 1992, p. 221 (vedere l'iontero libro per vedere quale sia il peso del sermone sul monte nella determinazione della posizione di Lutero sull'economia). Vedere anche i numerosi riferi-menti a Mammona negli scritti di Lutero. Martin Luthers Sämtliche Schriften, ed. by Joh. Georg Walch. Vol. 23. Verlag der Lutherischen Buchhandlung H. Harms: Groß Oesingen, 1986 (Reprint from 1910²), Col 1130-1132.

ranza. Se crediamo in Dio, Lo consideriamo del tutto degno di fiducia, prendiamo veramente sul serio quello che ha detto e fatto come Creatore e Salvatore, e pianifichiamo la nostra vita secondo la Sua legge e in virtù della Sua esistenza.

Diventa religione qualunque cosa che entri in competizione con la speranza biblica e con questa fede. Da cosa dipendo completamente? Che cosa da il significato fondamentale alla mia vita? Che cosa controlla il mio cuore? Che cosa determina le mie decisioni? Chi ha il diritto di veto nella mia vita? Qual è il mio fine ultimo? Che cosa amo più di ogni altra cosa? Come giustifico i miei desideri?

Giobbe una volta riconobbe il diritto di Dio di giudicarlo "Se ho riposto la mia fiducia nell'oro, se all'oro ho detto: Tu sei la mia speranza" (Gb 31:24). Seppure "speranza" e "fiducia" siano parole applicabili soltanto a Dio, le utilizziamo spesso riferendole a religioni travestite, come dimostra l'ammissione di Giobbe. In Proverbi è ribadita l'idea: "Chi confida nelle sue ricchezze cadrà!" (Pr 11:28; vedi anche Sl 52:6-7). La Bibbia spesso descrive la religione del denaro con gli stessi termini utilizzati per descrivere il rapporto dell'uomo con Dio.

In 1 Timoteo 6:17, Paolo esorta i ricchi a non porre la propria fiducia nella ricchezza, che è incerta, ma in Dio. In Efesini 5:3-5 ammonisce contro l'avarizia, e in accordo con l'Antico Testamento, aggiunge "poiché è idolatria".

16. La battaglia contro le pseudo-speranze

Tesi: Dio deluderà le false speranze e desidera che noi le mettiamo in luce attraverso la profezia.

Parlando a Dio, Giobbe dice: "Tu distruggi la speranza dell'uomo" (Gb 14:19). Anche i credenti sono qualche volta condotti da Dio in situazioni assolutamente disperate, cosicché imparino a mettere da parte ogni speranza che non sia Dio stesso. Geremia, l'autore delle Lamentazioni, grida: "Perché ci colpisci senza che ci sia guarigione per noi? Noi aspettavamo la pace, ma nessun bene ci giunge; noi aspettavamo un tempo di guarigione, ed ecco il terrore" (Gr 14:19; vedi anche 8:15).

Per questo, una delle principali responsabilità dei profeti dell'Antico Testamento era di eliminare le pseudo-speranze, fossero esse falsi dei, ingannevoli alleanze politiche, false promesse dei re o predizioni ottimistiche di falsi profeti. Non dobbiamo dipendere dagli uomini (Gr 17:5; 48:13), dalla nostra integrità personale (Ez 33:13), da simboli religiosi quali un santuario (Gr 7:4), o dagli idoli (Ab 2:18), ma soltanto da Dio.

La storia d'Europa è stata plasmata da falsi profeti quali Hitler o Stalin, e da molti altri ingannatori meno noti. Lo smascheramento profetico di tali speranze ingannevoli è una delle più importanti responsabilità delle chiese e dei credenti d'Europa; una responsabilità nella quale troppo spesso abbiamo fallito.

DIO DÀ SPERERANZA

17. Dio stesso è sempre stato colui che dà speranza, sin dall'inizio della storia

Tesi: La speranza per il mondo parte dal fatto che Dio è il primo missionario.

Dio è sempre stato il primo missionario. Subito dopo la Caduta, la storia umana sembrava essere finita prima di prendere davvero il via, ma Dio non si è arreso. Per grazia è andato nel giardino dell'Eden (Ge 3:8-9), alla ricerca di Adamo ed Eva, chiedendo loro dove fossero (Ge 3:9). Nel dichiarare sia il giudizio che la salvezza futuri (Ge 3:14-21), Egli stesso ha dato nuova speranza al creato.

18. Dio stesso porta speranza - in Gesù

Tesi: Gesù è il prototipo del missionario, e colui che reca speranza.

Gesù è stato inviato sulla Terra da Dio. Come essere umano Egli doveva sostenere sulla croce il nostro supplizio così da realizzare e proclamare la nostra salvezza, restituendo così al mondo la speranza e un futuro. Già prima della creazione (Ef 1:4) Dio aveva il proposito di non lasciarci al nostro destino peccaminoso, che noi stessi ci saremmo attirati addosso, ma di incarnarsi nella persona di Cristo, mandandolo come missionario al mondo per rendere possibile un vero futuro (Gv 3:16).

19. Dio stesso ci da speranza – per mezzo dello Spirito Santo

Tesi: La Pentecoste ci mostra che la missione a livello mondiale nella potenza dello Spirito Santo è il segno caratteristico più importante

della chiesa Neo-testamentaria, e che i credenti non potrebbero né sperare né proclamare la speranza se non per Lui.

Gesù ordinò spesso ai suoi discepoli di aspettare la venuta dello Spirito Santo prima di cominciare ad evangelizzare le nazioni (Mr 16:15-20; At 1:4-11). Lo Spirito sarebbe venuto quale successore di Gesù per convincere il mondo del vangelo (Gv 16:7-11). Con la Sua venuta nacquero sia la chiesa Neo-testamentaria che la missione. Senza di Lui nessuna forma di strategia missionaria avrebbe avuto alcuna possibilità di successo, poiché Egli solo può convincere di peccato (Gv 16:7-10), portare al riconoscimento di Dio e dell'opera salvifica dei Gesù Cristo, rigenerare i peccatori e dare loro speranza (Gv 3:5). Certamente Dio ha scelto di utilizzare gli esseri umani nella missione e vuole che essi impegnino le proprie facoltà mentali col fine di raggiungere gli altri, ma tutte queste strategie sono solamente provvisorie, in quanto Dio solo decide se esse avranno o meno successo (1 Co 12:4-6; Ro 1:13).

Paolo, in particolare, accentua del continuo il fatto che è solo lo Spirito Santo a "versare" la speranza nei nostri cuori e il fatto che la nostra speranza dipende totalmente dal suo potere incredibile. Ecco tre esempi: "Or la speranza non delude, perché l'amore di Dio è stato sparso nei nostri cuori mediante lo Spirito Santo che ci è stato dato" (Ro 5:5); "Or il Dio della speranza vi riempia di ogni gioia e di ogni pace nella fede, affinché abbondiate nella speranza per la potenza dello Spirito Santo" (Ro 15:13); "Poiché quanto a noi, è in spirito, per fede, che aspettiamo la speranza della giustizia" (Ga 5:5).

20. Dio stesso da speranza - attraverso la chiesa, latrice della speranza

Tesi: La missione della chiesa è basata sul fatto che Dio per primo ha mandato se stesso nel mondo come missionario ("Missio Dei").

Gesù inviò i suoi discepoli nel mondo per attuare la missione che aveva ricevuto da Suo Padre (Mt 10:40; Mc 9:37; Lc 10:16; At 3:20-26; una cinquantina di volte nel vangelo di Giovanni, a partire da Gv 3:17. Vedi anche Is 48:16), e che lo Spirito Santo aveva ricevuto dal Padre e dal Figlio (Gv14:26; 15:26; Lc 24:49). In Giovanni 17:18 Gesù dice a Suo Padre: "Come tu mi hai mandato nel mondo, anche io ho mandato loro nel mondo". In Giovanni 20:21 cambia questa affermazione in un discorso personale rivolto ai discepoli: "Pace a voi! Come il Padre mi ha mandato, anch'io mando voi". Dio Padre manda Suo Figlio e il Suo Spirito come primi missionari; la chiesa continua la loro missione attraverso le missioni a livello mondiale. Lo sforzo missionario cristiano si basa dunque sul Dio Trino. La chiesa di Cristo è per definizione latrice di speranza, poiché la sua proclamazione della speranza nel Vangelo è la diretta continuazione della missione di Dio.

21. Cristo in noi, speranza di gloria

Tesi: Poiché Dio è la nostra sola speranza, Cristo e la sua opera salvifica sulla croce sono la nostra unica speranza. Pensando ai Tessalonicesi, Paolo ricorda "davanti al nostro Dio e Padre, dell'opera della vostra fede, delle fatiche del vostro amore e della costanza della vostra speranza nel nostro Signore Gesù Cristo" (1 Te 1:3).

I credenti sono di "Gesù Cristo nostra speranza" (1 Ti 1:1) e Cristo è in noi, infatti Paolo scrive: "Dio ha voluto far loro conoscere quale sia la ricchezza della gloria di questo mistero fra gli stranieri, cioè Cristo in voi, la speranza della gloria" (Col 1:17).

La speranza in Cristo non solo è in noi; noi aspettiamo la sua realizzazione concreta, storica e personale "aspettando la beata speranza e l'apparizione della gloria del nostro grande Dio e Salvatore, Cristo Gesù" (Ti 2:13).

22. Speranza attraverso la croce

Tesi: La più stupenda azione di Dio, la base di ogni vera speranza, è stata la morte di Cristo sulla croce sul Golgota, dove Egli morì al posto nostro per vincere la morte, il peccato e Satana, i nemici mortali di ogni speranza. Per questo motivo non può esserci speranza di un nuovo inizio senza il perdono.

La verità universale che la speranza per il futuro dipende dal perdono è vera anche nei casi particolari. Solo perdonandoci reciprocamente, possiamo sperare in un nuovo inizio.

L'Islam, per esempio, non ha alcuna dottrina riguardante né il peccato originale o il peccato come distruzione del rapporto dell'uomo con Dio, né la riconciliazione o il perdono. Per i musulmani la riconciliazione a livello privato o tra nazioni è difficile da realizzare, poiché i torti passati possono essere riportati alla luce anche dopo secoli.

Che Konrad Adenauer e Charles de Gaulle credessero o meno personalmente in un Dio della riconciliazione, tuttavia come rappresentanti dei propri paesi essi agirono secondo uno spirito di civiltà profondamente influenzato dal cristianesimo, quando riconciliarono la Germania e la Francia decidendo di instaurare un nuovo rapporto nonostante le terribili ingiustizie passate. Nell'Islam non esiste alcun esempio paragonabile.

Le chiese d'Europa e i loro membri devono perdonarsi reciprocamente e devono riconciliarsi, se si desidera che l'Europa trovi una nuova speranza. Le famiglie europee devono perdonarsi reciprocamente e devono riconciliarsi, se si desidera che l'Europa trovi una nuova speranza. Le "razze" e le nazioni europee devono perdonarsi reciprocamente e devono riconciliarsi, se si desidera che l'Europa trovi una nuova speranza e un buon futuro. Soprattutto, dobbiamo praticare il perdono nei confronti dei musulmani. Alcuni di loro hanno vissuto qui tutta la vita, altri sono appena arrivati, ma la loro fede e la loro cultura non hanno alcuna conoscenza del perdono, del dimenticare le ingiurie passate per rappacificarsi nel presente. La nostra testimonianza non ha alcun valore per loro finché non mostriamo loro che il perdono significa portare a Dio gli errori e i peccati del passato. I matrimoni cristiani hanno un speranza basata sul perdono e sulla riconciliazione. Si percepisce uno spirito di perdono e riconciliazione nelle nostre chiese, così da avere autorità e influenza, oppure siamo mossi da tensione, dicerie, antiche faide, partitismi e scaramucce, come lo sono altre organizzazioni?

23. La speranza del ritorno di Cristo e della resurrezione dei morti

Tesi: La speranza cristiana tende verso la seconda venuta di Cristo e verso la resurrezione dei morti. Non per caso il Credo Apostolico si conclude con abbondanti descrizioni del futuro. La fede cristiana non è solo credere in un Creatore onnipotente, ma anche fiducia nella sua azione salvifica nella storia umana passata e futura.

Il futuro nel credo Apostolico
(in corsivo)

Io credo in un solo Dio
Padre Onnipotente,
Creatore dei cieli e della terra,
e in Cristo Gesù

Suo unigenito Figliolo nostro Signore;
concepito dallo Spirito Santo,
nato dalla vergine Maria
Che soffrì sotto Ponzio Pilato
fu crocifisso, morto e sepolto
scese negli Inferi,
e il terzo giorno risorse dai morti;
e salì in Cielo;
e siede alla destra di Dio
Padre Onnipotente;
da dove ritornerà
a giudicare vivi e morti.
Credo nello Spirito Santo;
nella santa chiesa;
nella comunione dei santi
nel perdono dei peccati;
nella resurrezione dei corpi
e nella vita eterna. Amen.

Sulla base di questo grandioso futuro, il nostro piccolo futuro immediato si accresce di valore.

Paolo e la speranza della resurrezione

At 24:15 Avendo in Dio la speranza, condivisa anche da costoro, che ci sarà una resurrezione dei giusti e degli ingiusti.

At 26:6 E ora sono chiamato in giudizio per la speranza nella promessa fatta da Dio ai nostri padri.

At 26:7 Questa è la promessa che le nostre dodici tribù, che servono con fervore Dio notte e giorno, sperano di vedere compiuta.

At 28:20 Per questo motivo dunque vi ho chiamati per vedervi e parlarvi; perché è a motivo della speranza d'Israele che sono stretto da questa catena.

1Te 4:13 Fratelli, non vogliamo che siate nell'ignoranza riguardo a quelli che dormono, affinché non siate tristi come gli altri che non hanno speranza.

DIO E DEGNO DI FIDUCIA

24. La nostra speranza in Dio è sicura, poiché Egli è degno di fiducia

Tesi: Solamente la speranza in Dio è assolutamente certa, perché solo Dio è eterno, immutabile, onnipotente, giusto, saggio e amorevole.

Come disse un volta il padre della chiesa Crisostomo, la fede cristiana è assolutamente certa, perché il suo fondatore vive per sempre.[15] Geremia basava la sua fiducia sul fatto che Dio era creatore: "Fra gli idoli vani della gente, ve ne sono forse di quelli che possano far piovere? O è forse il cielo che dà gli acquazzoni? Non sei tu, Signore, tu, il nostro Dio? Perché noi speriamo in te, perché tu hai fatto tutte queste cose" (Gr 14:22).

25. La speranza è certa per la fedeltà di Dio e per la Sua promessa.

Tesi: La speranza è certa, perché fondata sulle promesse di Dio, che sono degne di fiducia, poiché Dio stesso si è impegnato a rispettarle.

Martin Lutero scrisse: "La misericordia di Dio, che promette in base alla sua Grazia, e la Verità, che realizza le promesse, sono le cause della speranza."

Nella lingua greca secolare, il termine "speranza" fa parte della stessa area semantica di varie altre aspettative future, quali la paura, il desiderio, la speranza. (Ad esempio: "Spero che il tempo domani sarà bello!") Le parole hanno quello stesso significato quotidiano in alcuni passi della bibbia, ad esempio quando Paolo ha intenzione di visitare determinate chiese (In Ro 15:24; 1 Co 16:7; Fl 2:23; 1 Ti 3:14).

La speranza della fede, tuttavia, non è un qualche vago sentimento riguardante il futuro. È una convinzione basata sulla fedeltà assoluta di Dio. "Manteniamo ferma la confessione della nostra speranza, senza vacillare; perché fedele è colui che ha fatto le promesse" (Eb 10:23). Contrariamente a quanto afferma il proverbio tedesco: "La speranza e l'attesa rendono stolti i pazienti"[16], Paolo ci dice: "or la speranza non delude" (Ro 5:5). "Tu

---

[15] 9. Homilie, Ch. 5.

[16] 'Hoffen und Harren hält manchen zum Narren'.

riconoscerai che io sono il SIGNORE, che coloro che sperano in me non saranno delusi" (Is 49:23).

Non è concepibile né possibile che Dio menta. La nostra fede e la nostra conoscenza si fondano sulla "speranza della vita eterna promessa prima di tutti i secoli da Dio, che non può mentire" (Ti 1:2).

26. La nostra speranza si basa sul giuramento di Dio

Tesi: Possiamo fidarci completamente solo di Dio, poiché Egli si è legato per giuramento al Suo patto.

Diversamente dal Dio dell'Islam, Dio ha giurato: "Affinché mediante due cose immutabili, nelle quali è impossibile che Dio abbia mentito, troviamo una potente consolazione noi, che abbiamo cercato il nostro rifugio nell'afferrare saldamente la speranza che ci era messa davanti" (Eb 6:18).

Alcuni dicono che si debba ricorrere al giuramento soltanto quando qualcuno è restio a dire il vero! Ma se insistiamo nel dire che non è necessario giurare, in quanto noi dobbiamo sempre dire la verità, dobbiamo poi spiegare perché Dio, che non mente mai, giurò spesso (ad esempio in Ge 22:16; Mi 7:20; Es 6:8; Ez 20:5; Sl 95:11). Georg Giesen[17] ha contato ottanta due giuramenti pronunciati da Dio nell'Antico Testamento, che rappresentano il 38% di tutti i giuramenti ivi menzionati. Oltre a questi, Dio ha pronunciato numerosi altri giuramenti in altri termini. Dio mantiene il proprio comandamento secondo cui tutti i giuramenti sono da pronunciarsi nel Suo nome, infatti: "quando Dio fece la promessa ad Abraamo, siccome non poteva giurare per qualcuno maggiore di Lui, giurò per Sé stesso" (Eb 6:13).

> ### Dio giura per Sé stesso
>
> Ge 22:16 "Io giuro per me stesso, dice il SIGNORE".
>
> Eb 6:13 Quando Dio fece la sua promessa ad Abraamo, siccome non poteva giurare per qualcuno maggiore di Lui, giurò per Sé stesso.
>
> Gr 44:26 Perciò ascoltate la parola del SIGNORE, voi tutti di Giuda che abitate nel paese d'Egitto! "Ecco, io giuro per il mio gran nome", dice il

---

[17] Georg Giesen. Die Wurzel šb' "schwören": Eine semasiologische Studie zum Eid im Alten Testament. Bonner Biblische Beiträge 56. Peter Hanstein: Königstein, 1981.

SIGNORE; "in tutto il paese d'Egitto il mio nome non sarà più invocato dalla bocca di nessun uomo di Giuda né si giurerà: Com'è vero che il Signore, Dio, vive!".

Am 6:8 Il Signore, Dio, l'ha giurato per sé stesso, dice il SIGNORE, Dio degli eserciti: "Io detesto l'orgoglio di Giacobbe, odio i suoi palazzi e darò in mano al nemico la città con tutto ciò che contiene".

Es 32:13 Ricordati di Abraamo, d'Isacco e d'Israele, i tuoi servi, ai quali giurasti per te stesso, dicendo loro: "Io moltiplicherò la vostra discendenza come le stelle del cielo; darò alla vostra discendenza tutto questo paese di cui vi ho parlato ed essa lo possederà per sempre".

Am 4:2 Il Signore, Dio, l'ha giurato per la sua santità: "Ecco, verranno per voi dei giorni in cui sarete tirati fuori con degli uncini, e i vostri figli con degli ami da pesca".

De 32:40 Sì, io alzo la mia mano al cielo e dico: "Com'è vero che io vivo in eterno,"

1Sa 2:30 Perciò così dice il SIGNORE, il Dio d'Israele: "Io avevo dichiarato che la tua casa e la casa di tuo padre sarebbero state al mio servizio per sempre"; ma ora il SIGNORE dice: "Lungi da me tale cosa! Poiché io onoro quelli che mi onorano, e quelli che mi disprezzano saranno disprezzati".

Ro 14:11 Infatti sta scritto: "Come è vero che vivo", dice il Signore, "ogni ginocchio si piegherà davanti a me, e ogni lingua darà gloria a Dio".

"Per me stesso io l'ho giurato" (Is 45:23; Gr 22:5; 49:13).

"Com'è vero che io vivo" (Nu 14:21,28; De 32:40; Is 49:18; Gr 22:24; 46:18; Ez 5:11; 14: 16,18,20; 16:48; 17:16,19; 18:3; 20:3,31,33; 33:11,27; 34:8; 35:1,6; So 2:9; Ro 14:11).

Il giuramento di Dio, nel quale Egli si lega indissolubilmente al suo patto, è essenziale alla fede cristiana. Spesso non ci rendiamo conto di questo, perché non capiamo più quale sia il vero significato di un giuramento, o perché non capiamo più quali siano le differenze basilari tra il Dio della Bibbia e gli dei di altri religioni. Nell'Islam il Dio è così assoluto, sovrano e indipendente, da non impegnarsi mai nei confronti degli esseri umani, perché ciò lo renderebbe soggetto al giudizio umano. Anche quando promette, Allah mantiene il diritto di cambiare idea, senza che qualcuno abbia la possibilità o la prerogativa di condannarlo.

Il Dio della tradizione giudeo-cristiana è allo stesso modo assoluto, sovrano e indipendente. Nessuno potrebbe proibirGli di cambiare i Suoi piani o potrebbe obbligarLo a mantenere le sue promesse. Né l'umanità né la creazione limitano Dio, ma Egli stesso si è impegnato con la Sua Parola e ha giurato nel proprio nome di mantenerla. Dio è fedele, e assolutamente degno di fiducia. Al contrario di Allah, la Sua sovranità si esprime nel fatto che nessuno può forzarLo a realizzare i Suoi piani, ad onorare i Suoi giuramenti o a mantenere le Sue promesse. In effetti, Egli ci sfida a confrontarLo con le Sue Parole e di "portarlo in tribunale" (Is 1:18; 41:1; 43:26; Ml 3:10), ma mai l'uomo Lo troverà mancante.

La fedeltà di Dio porta alla fiducia, o, come diciamo di solito, alla fede, che è una delle tre espressioni più comuni (fede, amore e speranza; vedi la tesi 2) del nostro rapporto con Dio - e non è un caso.

Se Dio e Gesù stessi giurano più degli altri, allora il fine del giuramento non può essere ricondotto alla distinzione tra verità e falsità. Dio giura più di chiunque altro e i grandi uomini di fede della Bibbia seguono il Suo esempio. Come si può sospettare la verità di un'affermazione, quando questa è stata pronunciata da Dio?[18] L'autore dell'epistola agli Ebrei spiega il giuramento di Dio ad Abramo con le seguenti parole: "Infatti gli uomini giurano per qualcuno maggiore di loro; e per essi il giuramento è la conferma che pone fine ad ogni contestazione. Così Dio, volendo mostrare con maggiore evidenza agli eredi della promessa l'immutabilità del suo proposito intervenne con un giuramento; affinché mediante due cose immutabili, nelle quali è impossibile che Dio abbia mentito, troviamo una potente consolazione noi, che abbiamo cercato il nostro rifugio

---

[18] Partendo dal presupposto che Gesù stesse difendendo la posizione dell'Antico Testamento sul giuramento in opposizione alla pratica degli scribi e dei farisei, che giuravano su tutto tranne che su Dio, allora il sermone sul monte non condanna tutti i giuramenti, ma sono quelli proibiti nell'Antico Testamento. In Matteo 5:34-35, Gesù sta dicendo: "Non giurate per il cielo ... né per la terra"; Giacomo 5:12 riprende lo stesso concetto: "Non giurate né per il cielo, né per la terra". Tradotto correttamente, il testo dice: "Ma io vi dico: non giurate affatto; né per il cielo, perché è il trono di Dio, né per la terra, perché è lo sgabello dei suoi piedi, né per Gerusalemme, perché è la città del gran Re. Non giurare neppure per il tuo capo, poiché tu non puoi far diventare un solo capello bianco o nero. Ma il vostro parlare sia: "Sì, sì; no, no"; poiché il di più viene dal maligno " (Mt 5:34-37).

nell'afferrare saldamente la speranza che ci era messa davanti" (Eb 6:16-18). L'eterna affidabilità della decisione di Dio risiede quindi nel giuramento, poiché rende il patto irrevocabile e completo. Non tutte le affermazioni di Dio sono irrevocabili: quante volte ha ritirato il giudizio che aveva pronunciato, perché il peccatore si è ravveduto! I giudizi erano inevitabili solo quando Dio li aveva pronunciati sotto giuramento. I giuramenti umani hanno lo stesso significato: la differenza tra una promessa ed un giuramento è che una promessa può essere, in determinate circostanze, revocata. Un giuramento fonda la differenza tra un flirt e il matrimonio, poiché quest'ultimo è un patto fatto sotto giuramento.

Torniamo all'affidabilità della speranza in Dio. Secondo Ebrei 7:20-21, il sacerdozio levitico dell'Antico Testamento non si basava su un giuramento, mentre il sacerdozio eterno di Gesù sotto l'ordine di Melchisedec si basava su un giuramento pronunicato da Dio in Sl 110:4, che dice: "Il SIGNORE ha giurato e non si pentirà: 'Tu sei Sacerdote in eterno, secondo l'ordine di Melchisedec'". In Ebrei 7:20-22 è scritto: "Questo non è avvenuto senza giuramento. Quelli sono stati fatti sacerdoti senza giuramento, ma egli lo è con giuramento, da parte di colui che gli ha detto: "Il Signore ha giurato e non si pentirà: 'Tu sei sacerdote in eterno'." Ne consegue che Gesù è divenuto garante di un patto migliore del primo. Il sacerdozio levitico potrebbe avere una fine, perché Dio non ne ha assicurata l'esistenza eterna con un giuramento, ma il sacerdozio di Gesù non finirà mai, perché la sua validità eterna è stata sigillata con un giuramento.

27. La speranza implica azione

Tesi: La certezza della nostra speranza non ci permette di adagiarci su sogni futuri, ma richiede un nostro sforzo a conferma della nostra fede. "Soltanto desideriamo che ciascuno di voi dimostri sino alla fine il medesimo zelo per giungere alla pienezza della speranza" (Eb 6:11). Paolo esorta i credenti a "perseverare nella fede, fondati e saldi e senza lasciarvi smuovere dalla speranza del vangelo che avete ascoltato" (Col 1:23).

28. La speranza si fonda sulla Parola di Dio

Tesi: Poiché Dio, che è assolutamente fedele, si è impegnato *per iscritto*[19] la sua Parola è un fondamento attendibile per la nostra fede.

Il salmista afferma davanti agli uomini: "Io aspetto il SIGNORE, l'anima mia lo aspetta; io spero nella sua parola" (Sl 130:5), e davanti a Dio: "Quelli che ti temono mi vedranno e si rallegreranno, perché ho sperato nella tua parola" (Sl 119:74); "Non togliere mai dalla mia bocca la parola giusta, perché spero nei tuoi giudizi" (Sl 119:43); "Tu sei il mio rifugio e il mio scudo; io spero nella tua parola" (Sl 119:114). Dopo che Gesù ci aveva procurato la vita eterna, Paolo ripete questa verità veterotestamentaria quando scrive della fede e della verità: "... le quali nascono dalla speranza che è per voi conservata in cielo e di cui avete già ascoltato nella parola di verità, il vangelo."

Lasciate che io ripeta: i credenti studiano la Bibbia per trovare speranza per sé, per le proprie famiglie, per le loro chiese e per la società. "Poiché tutto ciò che fu scritto nel passato, fu scritto per nostra istruzione, affinché mediante la pazienza e la consolazione che ci provengono dalle Scritture, conserviamo la speranza"(Ro 15:4).

I credenti europei devono proclamare che le chiese e membri di esse che rinnegano l'attendibilità e l'importanza della Parola di Dio derubano dell'unica vera speranza attendibile non solo se stessi, ma l'intera Europa. Dio non ci chiede di affidarci ad una qualche aspettativa oscura e indefinita, ma ci ha dato delle promesse concrete nella Sua Parola scritta. Le speranza ingannevoli dei teologi critici devono essere denunciate nel nostro continente più che in qualunque altra parte del mondo. Molte chiese europee si disperano, perché non sanno più in cosa sperare! Senza la Bibbia non lo sapranno mai!

---

[19] Articolo 1.1 della Westminster Confession: "... piacque dunque al Signore, in varie occasioni, e in diverse maniere, di rivelarsi, e di dichiarare quale fosse la sua volontà per la chiesa; e successivamente, per una migliore conservazione e diffusione della verità e per una più salda affermazione della chiesa e per il conforto di questa ... di affidare tutto ciò alla scrittura". G. I. Williamson. The Westminster Confession of Faith for Study Classes. Philadelphia, Pennsylvania: Presbyterian and Reformed Publishing Company, 1964.

29. La nostra speranza si basa sull'azione di Dio – non su predocozzi

Tesi: La nostra speranza non si basa su teorie o intenzioni divine, ma sull'azione di Dio. Nella Bibbia la speranza e l'amore non si esauriscono mai con le parole o con i sentimenti, ma sono sempre espresse dall'azione. Paolo parla di "fede che opera per mezzo dell'amore" (Gal 5:5-6). 1 Giovanni 3:17-18 avverte: "Ma se qualcuno possiede dei beni di questo mondo e vede suo fratello nel bisogno e non ha pietà di lui, come potrebbe l'amore di Dio essere in lui? Figlioli, non amiamo a parole né con la lingua, ma con i fatti e in verità".

Giovanni basa il suo comandamento sul ministero di Gesù: "Da questo abbiamo conosciuto l'amore: egli ha dato la sua vita per noi; anche noi dobbiamo dare la nostra vita per i fratelli" (1 Gv 3:16). L'amore di Gesù si vede nella sua condotta. La Sua morte è la prova dell'amore di Dio (Ro 5:8; Gv 3:16; Ef 5:25). I mariti devono dimostrare l'amore per la propria moglie nella pratica e nel sacrificio, come Cristo ha dimostrato il Suo amore per la chiesa. "Mariti, amate le vostre mogli, come anche Cristo ha amato la chiesa e ha dato sé stesso per lei" (Ef 5:25).

Nel libro dell'Apocalisse, Giovanni distingue l'amore dalla mancanza d'amore non attraverso le parole ma attraverso la condotta. "Ma ho questo contro di te: che hai abbandonato il tuo primo amore. ... Ravvediti e compi le opere di prima. ... Io conosco le tue opere, il tuo amore, la tua fede, il tuo servizio, la tua costanza; so che le tue ultime opere sono più numerose delle prime" (Ap 2:4-5, 19). Ritornare al primo amore significa agire come in principio. Il primo amore non si limitava ai sentimenti, ma si esprimeva attraverso l'azione. Come ci ricorda il Manifesto Manila del Movimento di Losanna, il vangelo immutabile deve manifestarsi nelle vite cambiate dei credenti. La proclamazione dell'amore di Dio deve accompagnarsi ad un servizio amorevole. Predicare il vangelo del Regno di Dio significa un impegno nei confronti dei Suoi desideri di giustizia e di pace."[20]

L'Europa non tornerà al suo primo amore o alla sua speranza fino a quando i cristiani non proclameranno la Parola di Dio e agiranno di conseguenza.

---

[20] Das Manifest von Manila. Lausanner Bewegung - Deutscher Zweig: Stuttgart, 1996. p. 14. http://www.gospelcom.net/lcwe/statements/manila.html (26/11/2001).

LA SPERANZA CAMBIA LA NOSTRA CONDOTTA

30. La vera speranza dà come certo che Dio sia onnipotente

Tesi: Non abbiamo alcuna ragione di sperare, a meno che crediamo e sappiamo che Dio ha tutto sotto controllo. La vera speranza si basa sulla dichiarazione: "Io credo in un solo Dio, il Padre Onnipotente, Creatore dei cieli e della terra".

Dio è onnipotente

Gb 42:2: "Io riconosco che tu puoi tutto e che nulla può impedirti di eseguire il tuo disegno."

Gr 32:17: "Ah, Signore, SIGNORE! Ecco tu hai fatto il cielo e la terra con la tua potenza e con il tuo braccio steso; non c'è nulla di troppo difficile per te."

Ge 18:14: "Vi è forse qualcosa che sia troppo difficile per il Signore?"

Mt 28:18: "Ogni potere mi è stato dato in cielo e sulla terra."

Is 55:11: "Così è della mia parola, uscita dalla mia bocca: essa non torna a me a vuoto, senza aver compiuto ciò che io voglio e condotto a buon fine ciò per cui l'ho mandata."

Gb 36:22-23: "Vedi, Dio è eccelso nella sua potenza; chi può insegnare come lui? Chi può prescrivere la via da seguire? Chi osa dirgli: 'Tu hai fatto male?'"

2 Cr 14:10: "SIGNORE, per te non c'è differenza tra il dare soccorso a chi è in gran numero, e il darlo a chi è senza forza; soccorrici, SIGNORE nostro Dio."

Sl 33:10-11: "Il SIGNORE rende vano il volere delle nazioni, egli annulla i disegni dei popoli. La volontà del SIGNORE sussiste per sempre, i disegni del suo cuore durano di età in età".

Dio chiamato "Onnipotente": Ge 17:1; 28:3; 43:14; 48:3; 49:25; Es 6:3; Nu 24:4; Ru 1:20-21; Gb 40:2 (circa 30 volte nel libro di Gb); Sl 68:15; Sl 91:1; Is 13:6; Ez 1:24; Ap 1:8; 4:8; 11:17; 15:3; 16:7,14; 19:6,15; 21:22

Solo quando crediamo a questo possiamo essere convinti che Dio porterà tutto a buon fine. Un esempio dal Nuovo Testamento e uno dall'Antico dovranno essere sufficienti. Davide afferma: "Riponi la tua sorte nel SIGNORE; confida in lui, ed egli agirà" (Sl 37:5). Paolo gioisce: "Or sappiamo che tutte le cose cooperano al bene di quelli che amano Dio, i quali sono chiamati secondo il suo disegno. ... Infatti sono persuaso che né morte, né vita, né angeli, né principati, né cose presenti, né cose future, né potenze, né altezza, né profondità, né alcun'altra creatura potranno separarci dall'amore di Dio che è in Cristo Gesù, nostro Signore" (Ro 8:28, 38-39).

31. La speranza ci dà sicurezza e tranquillità

Tesi: La speranza ci da pace interiore, anche se i nostri problemi personali e la sofferenza a livello mondiale potrebbero farci impazzire. "Sarai fiducioso perché avrai speranza; ti guarderai bene attorno e ti coricherai sicuro" (Gb 11:18). Il salmista pregò: "Anima mia, trova riposo in Dio solo, perché da lui proviene la mia speranza" (Sl 62:5). Il padre della chiesa Crisostomo descrisse la speranza come un cavo resistente che pende giù dal cielo e sostiene le nostre anime.[21]

Nessun essere umano può portare tutti i problemi del mondo, anzi, neanche tutti i problemi della sua stessa vita. I problemi di un solo giorno sono sufficienti (Mt 6:34). Chiunque si applichi quanto l'Ecclesiaste a studiare il mondo (Vedi tesi 56) potrebbe perdere la ragione considerando tutta l'ingiustizia, la mancanza di significato, il dolore e la distruzione nel mondo, ma chiunque ponga la sua fiducia in Colui che "mantiene tutto il mondo nelle proprie mani", come cantavano gli schiavi americani in un loro *spiritual*, può continuare a vivere coraggiosamente.

32. La speranza dà coraggio

Tesi: La speranza cristiana ci dà il coraggio di agire: "Avendo dunque una tale speranza, ci comportiamo con molta franchezza" (2 Co 3:12). Il "coraggio" e la "franchezza" sono strettamente legati alla speranza (Eb 3:6). La speranza e la fiducia eliminano la paura (Is 12:2; Sl 46:3; Pr 28:1), persino la paura di fallire.

I credenti europei devono imparare che avremo bisogno di speranza in futuro, di fronte ad una persecuzione crescente e ad una situazione di mi-

---

[21] A Teodoro, Ch. 2.

noranza, anche in nazioni che hanno una lunga tradizione cristiana e di libertà religiosa. Abbiamo bisogno di coraggio per porci sia di fronte ai credenti che agli ipocriti, i quali si conformano solo formalmente.

33. La speranza ci rende sia ottimisti che realisti – l'arresa non è una possibilità

Tesi: Una volta che sappiamo distinguere tra speranze ingannevoli e speranza vera, possiamo essere sia ottimisti che realisti. Pietro scrisse: "Siate sobri, e abbiate piena speranza nella grazia che vi sarà recata al momento della rivelazione di Gesù Cristo" (1 Pt 1:13).

Questo realismo ottimista sì manifesterà in qualche modo davanti al mondo. Altrimenti Pietro non ci avrebbe sfidati a rendere conto della nostra speranza a coloro che ci circondano (1 Pt 3:15). Gli apostoli presuppongono che gli altri notino la speranza che è "in noi".

La speranza biblica risiede nella complementarietà tra un sentimento pessimistico riguardo alle possibilità umane e una fiducia ottimistica nelle capacità di Dio, nella tensione tra il "già" e il "non ancora", come è stata espressa dai teologi. Non è possibile escludere alcuna delle due componenti del sistema complementare.

Gli europei hanno bisogno di credenti ottimisti – non dei sognatori, dei fanatici, dei demagoghi o degli irrealistici profeti apocalittici, ma di realisti che prendono sul serio i problemi, ma che, siccome prendono altrettanto sul serio Dio e si aspettano il Suo intervento, dimostrano speranza e ottimismo. La nuova generazione di credenti europei non può permettersi l'ostacolo rappresentato dal pessimismo; necessitano di modelli coraggiosi che guardino al futuro.

Excursus: Sulla complementarietà del pensiero biblico

I fisici hanno scoperto numerosi fenomeni descrivibili solo dal termine "complementari". Alcuni di questi esistono in coppie, altri in terzetti. Un esempio sono i colori complementari, quali il rosso e il verde, che si fondono per dare il bianco. Un elettrone può considerarsi una particella oppure un'onda, ma non entrambe all'interno dello stesso esperimento. Lo stesso si può dire della luce.

La teoria della complementarietà era inizialmente molto controversa. Il danese Niels Bohr (1885-1962), che ricevette il Premio Nobel nel 1922, introdusse il concetto nel 1927[22] e assicurò così la vittoria al pensiero complementare nella fisica del ventesimo secolo.[23]

> *"La complementarietà, un fenomeno osservato per la prima volta da N. Bohr, riconosce che le particelle a-tomiche hanno due caratteristiche accoppiate, legate ma apparentemente contraddittorie, come ad esempio la coesistenza della natura di particella e di onda. È tuttavia impossibile osservare entrambe le caratteristiche allo stesso tempo, poiché ciascun fattore necessita di procedimenti di misurazione che interrompono l'altro".[24]*

Il pensiero complementare vuol dire che due, tre o più aspetti di un fenomeno possono essere osservati e descritti soltanto indipendentemente l'uno dall'altro, sebbene i singoli risultati e le singole affermazioni siano egualmente valide, e sebbene lo studente possa assicurare un risultato preciso soltanto mettendo bene in relazione tutti gli elementi tra loro. I colori complementari, ad esempio, danno il bianco solo quando mescolati in maniera appropriata.

Carl Friedrich von Weizsäcker definisce la complementarietà come segue:

> *"La complementarietà consiste nel fatto che gli elementi non possono essere considerati simultaneamente sebbene entrambi debbano essere impiegati."[25]*

Questo modo di pensare si è poi diffuso dalla fisica ad altre scienze naturali e ad altre aree della vita.[26]

---

[22] Carl Friedrich von Weizsäcker. "Komplementarität und Logik", pp. 281-331 in: Carl Friedrich von Weizsäcker. Zum Weltbild der Physik. S. Hirzel: Stuttgart, 1958[7], p. 281

[23] Vedi Wolfgang Buchheim. Komplementarität nach Niels Bohr. Sitzungsberichte der Sächsischen Akademie der Wissenschaften zu Leipzig, Mathematisch-Naturwissenschaftliche Klasse 117, 6. Akademie-Verlag: Berlin, 1984 e Wolfgang Buchheim (Ed.). Beiträge zur Komplementarität, 55,5. Ibid. 1983.

[24] Bertelsmann Neues Lexikon in 10 Vols. Vol 5. Bertelsmann Lexikon Verlag: Gütersloh, 1995, p. 323.

[25] Carl Friedrich von Weizsäcker. "Komplementarität und Logik". op. cit., p. 284, definisce qui la visione classica sulla complementarietà; la sua opinione personale differisce in parte.

Questo modo di vedere le cose non manca di logica: le limitazioni umane ci fanno dipendere da spiegazioni complementari della verità biblica. La chiesa primitiva formulò appositamente i dogmi centrali della fede cristiana in forme complementari, in quanto difendeva verità quali la trinità di Dio oppure la natura simultaneamente umana e divina di Gesù.

La natura complementare della verità biblica può avere un ruolo importante nel risolvere dispute triviali tra credenti.[27] Tendiamo a porre l'enfasi su un fattore di una verità complementare a discapito dell'altra, così come alcuni teologi calcavano la natura umana di Gesù per screditare la sua natura divina, o enfatizzavano la sua obbedienza per rifiutare la dottrina della Sua uguaglianza al Padre come Essere e come importanza.

La verità biblica include molte dottrine complementari oltre a quella della trinità e a quella della doppia natura di Cristo:

- Predestinazione e responsabilità personale.

- Fede e conoscenza.

- Legge e grazia.

- Condanna e perdono.

- L'amore di Dio e la sua ira.

- La dottrina e la vita coerente.

- Il battesimo come azione divina e come azione umana.

- La necessità di ruoli all'interno della chiesa e il sacerdozio universale dei credenti.[28]

- Le differenze e la affinità tra uomo e donna.[29]

---

[26] Vedi, per esempio, Helmut K. Reich. Der Begriff der Komplementarität in Wissenschaft und Alltag. Berichte zur Erziehungswissenschaft 105. Pädagogisches Institut Freiburg (CH), 1994.

[27] Vedi Winfried Amelung. In IHM ist die Fülle: Wider die falschen Alternativen. Weinmann-Stiftung: Dornstetten, 1988.

[28] Ibid., pp. 33-50 (ufficio) und pp. 51-69 (battesimo).

[29] Vedi John Stott. Christsein in den Brennpunkten unserer Zeit ... 4 ... im sexuellen Bereich. Francke: Marburg, 1988 [Engl. 1984]. pp. 21-24 (Abschnitt "Komplementarität").

Le Scritture trattano tali questioni sotto due o più aspetti apparentemente contraddittori, i quali, tuttavia, non possono essere dissociati l'uno dall'altro, ma possono soltanto essere contemplati singolarmente.

34. Se ci aspettiamo ciò che è umanamente impossibile, riusciremo a realizzare tutto ciò che è umanamente possibile.

Tesi: Quanto ci basiamo su ciò che è umanamente impossibile, allora faremo tutto il possibile per realizzarlo, infatti: "Abbi fiducia in Dio e compi il bene" (Sl 37:3). La speranza ci rende attivi! È la mancanza di speranza che ci rende passivi, deboli e timidi.

35. La speranza ci rende calmi, non oziosi o inattivi

Tesi: "Sperare vuol dire essere tesi verso il traguardo",[30] poiché la speranza è la dinamica storica della fede.

Oscar Cullmann scrive: "La vera escatologia cristiana non nutre mai la passività, l'inattività o l'immoblità."[31] Se la speranza portasse ad una calma caratterizzata dall'inattività e dalla pigrizia, perché mai la Bibbia ci ricorderebbe così spesso del fatto che la speranza dà forza (Is 40:31; 30:15) e può solo provenire dalla potenza dello Spirito Santo (Ro 15:13)?

No, la speranza ci da una serenità che è sobria e attiva. La speranza non stimola un attivismo fanatico, ma un'attività razionale che si protende per il bene degli altri. L'azione è parte della speranza: "Pratica la misericordia e la giustizia, e spera sempre nel tuo Dio" (Os 12:7), poiché "Il desiderio dei giusti è il bene soltanto, ma la prospettiva degli empi è l'ira" (Pr 11:23).

Soltanto perché tanti credenti delle generazioni precedenti erano mossi dalla speranza, l'Europa è diventato un continente cristiano. Non riconquisteremo l'Europa a Gesù, a meno che ci affidiamo completamente a Dio e cominciamo ad agire!

---

[30] Ernst G. Hoffmann in Theologisches Wörterbuch zum Neuen Testament, II, 726.

[31] Oskar Cullmann. Jesus und die Revolutionare seiner Zeit. Mohr Siebeck: Tübingen, 1970, p.29.

36. La speranza ci rende attivi e affermativi

Tesi: La speranza ci rende volenterosi ad agire, a rischiare, invece di limitarci a parlare solamente! "Infatti per questo fatichiamo e combattiamo: abbiamo riposto la nostra speranza nel Dio vivente, che è il Salvatore di tutti gli uomini, soprattutto dei credenti" (1 Ti 4:10).

Troppi credenti europei hanno passato troppo tempo a fare nulla, quando la nostra speranza ci avrebbe invece dovuti spingere all'azione. Solo quando cerchiamo di aiutare gli altri, anche quando tutto è contro di noi, la nostra speranza assumerà spessore per gli altri.

37. La speranza ci dà nuove priorità, che ci rendono capaci di rinunciare ai privilegi

Tesi: La speranza fa cambiare le nostre priorità, il che si manifesta poi in una disposizione al sacrificio, alla rinuncia alle cose, all'accettazione degli svantaggi. "Chiunque fa l'atleta è temperato in ogni cosa" (1 Co 9:25).

Pietro, parlando delle donne, mostra che possiamo fare a meno di cose che sono importanti per altri (qui, in particolare, il vestiario e i gioielli), poiché la speranza ha cambiato i nostri valori. Le "sante donna di una volta" si rendevano attraenti per mezzo dei loro valori interiori (1 Pi 3:5). Quando ci atteniamo ai nostri valori anche se siamo sottoposti a pressioni sentiamo la forza dataci dalla nostra speranza, poiché "l'afflizione produce pazienza, la pazienza esperienza, e l'esperienza speranza" (Ro 5:3-4).

Ogni specie di speranza per il futuro influenza la nostra attività presente. I credenti non fanno eccezione: la nostra speranza riguardo alla realtà che Dio ci ha promesso dovrebbe cambiarci in meglio: "E chiunque ha questa speranza in lui, si purifica come egli è puro" (1 Gv 3:3).

38. La speranza ci rende comprensivi e pazienti con gli altri

Tesi: La pazienza è un'importante virtù cristiana che ha il suo origine nella speranza. Quando nutriamo una speranza per gli altri, siamo anche più comprensivi. "Ma se speriamo ciò che non vediamo, l'aspettiamo con pazienza" (Ro 8:25). Questa pazienza influenza il nostro rapporto con gli altri (Gal 5:22; Ef 4:2; Col 3:12-13; 1 Ti 6:11; 2 Ti 3:10). Paolo ci dice che l'amore "soffre ogni cosa, crede ogni cosa, spera ogni cosa, sopporto ogni cosa" (1 Co 13:7).

39. La speranza crea perseveranza

Tesi: La speranza ci aiuta a perseverare, quando preferiremmo invece arrenderci. "Ma quelli che sperano nel Signore acquistano nuove forze, si alzano a volo come aquile, corrono e non si stancano, camminano e non si affaticano" (Is 40:31). Questo è vero sia per la nostra vita personale che per la chiesa e la società.

Se ci aspettiamo una realizzazione delle nostre speranze in un "futuro lontano", saremo capaci di aspettare. Il mondo si accorgerà di questo atteggiamento.

Molti credenti europei si lamentano del fatto che molte aree della vita sociale che erano una volta mosse da valori cristiani sono caratterizzate adesso da altri valori. Lamentandoci ignoriamo il fatto che l'influenza cristiana è sempre dipesa dagli sforzi a lungo termine dei credenti che spesso non hanno mai visti realizzati i propri sogni. Quando lavoriamo su una riforma giuridica, o costruiamo una scuola, o lavoriamo con dei giovani disoccupati, influenziamo il lontano futuro, ed è probabile che non vedremo alcun effetto per molti anni. Abbiamo bisogno di progetti cristiani a lungo termine e di iniziative relative a tutti gli aspetti della creazione e della vita ecclesiale.

40. Poiché la speranza guarda al futuro, gioisce

Tesi: Fin quando nutriamo speranza, abbiamo di che gioire. Nonostante avesse seri problemi, il profeta Isaia scrisse: "In quel giorno si dirà: "Ecco, questo è il nostro Dio; in lui abbiamo sperato, ed egli ci ha salvati. Questo è il SIGNORE in abbiamo sperato; esultiamo, rallegriamoci per la sua salvezza!" (Is 25:9).

E la nostra gioia sarà ripiena di speranza. "Siate gioiosi nella speranza, pazienti nell'afflizione, fedeli nella preghiera" (Ro 12:12).

Per questo, le Scritture parlano spesso di gioia e di speranza insieme. Paolo scrive: "Or il Dio della speranza vi riempia di ogni gioia e di ogni pace nella fede, affinché abbondiate nella speranza per la potenza dello Spirito Santo" (Ro 15:13; vedi anche 1 Te 2:19), e in Proverbi 10:28 vediamo che: "L'attesa dei giusti è gioia, ma la speranza degli empi perirà".

Dove c'è speranza c'è gioia. Dove si ritrova la più grande speranza – nella fede cristiana – dovrebbe esserci la più grande gioia. Purtroppo questa è una novità per molti europei, per i quali l'esperienza pratica con i cri-

stiani e con le chiese è completamente diversa. Dobbiamo imparare a gioire, a celebrare la nostra gioia come nella Bibbia, e ad utilizzare le arti, quali la musica e la pittura, secondo la volontà di Dio.

LA SPERANZA NELLA SOFFERNENZA
E NELLA SOPPORTAZIONE

41. La speranza ha bisogno di sofferenza e di sforzo; la consapevolezza della nostra situazione disperata e del relativo conforto

Tesi: Anche coloro che credono in Dio possono sentirsi disperati.

La Bibbia parla molto francamente di questa situazione. Dei salmi il cui tema è il lamento, il libro di Giobbe (vedi in particolare i versetti 17:13-15) e le Lamentazioni di Geremia ritraggono sinceramente la disperazione e il sentimento di abbandono da parte di Dio, senza negarli per mezzo di dichiarazioni pie, quali quelle degli amici di Giobbe. Episodi di depressione profonde possono portarci anche a perdere la nostra speranza in Dio. "Io ho detto: È sparita la mia fiducia, non ho più speranza nel SIGNORE" (La 3:18).

In questa situazione è meglio non ignorare il dolore, ma sforzarsi a superarlo con l'aiuto di Dio e degli amici, affidandosi all'intervento divino. "È bene aspettare in silenzio la salvezza del SIGNORE" (La 3:26); "Quanto a me, io volgerò lo sguardo verso il SIGNORE, spererò nel Dio della mia salvezza; il mio Dio mi ascolterà" (Mi 7:7). Talvolta si può essere combattuti tra la speranza e il sospetto nei confronti della speranza, come era Abraamo: "Egli, sperando contro ogni speranza, credette" (Ro 4:18). Allora possiamo soltanto pregare: "Io credo; vieni in aiuto della mia incredulità!" (Mr 9:24).

Per questa ragione non impareremo mai la vera speranza fin quando tutto va bene, bensì nelle difficoltà, nella sofferenza, nella malattia e nel peccato, persino nella morte. Paolo scrive: "Io attendo vivamente e spero di non avere nulla di cui vergognarmi; ma che ora come sempre, sia con la vita, sia con la morte, Cristo sia glorificato nel mio corpo" (Fil 1:20).

Coloro che hanno raramente vissuto la sofferenza sulla propria pelle possono imparare il significato della speranza sostenendo i pesi altrui, simpatizzando (Eb 4:15; dal greco "soffrire insieme con"). Poiché, scrive Paolo, "se un membro soffre, tutte le membra soffrono con lui; se un membro è onorato, tutte le membra ne gioiscono con lui" (1 Co 12:26).

Quando la Bibbia ci dice che coloro che hanno riposto la propria speranza in Dio sono benedetti, parla spesso di persone che hanno sperimentato un'intensa sofferenza e disperazione (ad esempio: Sl 146:5; 84:12; Gr 17:7). Cristo non ci ha promesso il successo in questa vita e la nostra speranza non si limita a coloro che raggiungono il successo. La depressione e la disperazione devono essere sopportate e forse si dovrà impiegare del tempo per farlo, ma alla fine trionfa la speranza in Dio, "Dio agì in questo modo affinché mediante due cose immutabili nelle quali è impossibile che Dio abbia mentito, troviamo una potente consolazione noi, che abbiamo cercato il nostro rifugio nell'afferrare saldamente la speranza che ci era messa davanti" (Eb 6:18; vedi anche Sl 119:49-50). Possiamo essere grati del fatto che il nostro Padre celeste "ci ha amati e ci ha dato per la sua grazia una consolazione eterna ed una buona speranza" (2 Te 2:16). Anche nella sofferenza più nera Giobbe può gridare: "Io so che il mio redentore vive" (Gb 19:25). Tutti possiamo pregare: "Perché ti abbatti anima mia? Perché ti agiti in me? Spera in Dio, perché lo celebrerò ancora; egli è il mio salvatore e il mio Dio" (Sl 42:5; vedi anche 42:11 e 43:5).

42. La preghiera porta alla speranza e la speranza alla preghiera

Tesi: Poiché la preghiera è l'espressione della nostra speranza in Dio, quando siamo in preda alla disperazione, diventa il nostro conforto principale. "Siate gioiosi nella speranza, pazienti nell'afflizione, fedeli nella preghiera" (Ro 12:12).

Molte delle mie tesi dimostrano l'intimo rapporto tra la preghiera e la speranza, particolarmente visto il fatto che molti dei passi citati sono presi dal libro delle preghiere della Bibbia, i Salmi, i quali contengono non solo numerose esortazioni a sperare in Dio solo, ma anche molti lamenti, che partono da un momento di disperazione, di sofferenza, e si muovono gradualmente verso la speranza.

Abbiamo bisogno della preghiera non solo nella nostra vita privata, ma anche nella società, poiché il destino di quest'ultima è anche il nostro destino. Dio comanda agli israeliti di ricercare il bene di Babilonia, nonostante quella città fosse pagana, poiché il destino di essa era il destino del popolo di Dio. "Cercate il bene della città dove io vi ho fatti deportare, e pregate il Signore per essa; poiché dal bene di questa dipende il vostro bene" (Gr 29:7). Nel Nuovo Testamento, Paolo esorta la chiesa a pregare per i governanti: "esorto dunque, prima di ogni altra cosa, che si facciano suppliche, preghiere, intercessioni, ringraziamenti per tutti gli uomini, per i re e per tutti quelli che sono costituiti in autorità, affinché possiamo condurre una vita tranquilla e quieta in tutta pietà e dignità. Questo è buono e gradito davanti a Dio, nostro Salvatore" (1 Ti 2:1-3), poiché la politica e lo stato della società influenzano anche la vita della chiesa.

Uno dei più grandi segnali di speranza per l'Europa è, a mio parere, la premura dei credenti europei nell'impegnarsi nella preghiera e la loro partecipazione in molteplici movimenti di preghiera, quali Operation World, la Settimana della Preghiera dell'Alleanza, la Giornata Mondiale di Preghiera per i Credenti Perseguitati, i 30 Giorni di Preghiera per il Mondo Islamico. Forse questo è il risultato della preghiera per l'Europa dei credenti africani, asiatici e latino americani!

43. Soffrire per la speranza

Tesi: Non è importante soltanto sforzarsi di sperare nella sofferenza, ma è spesso anche necessario soffrire per la nostra speranza. La storia ci mostra che non si può ottenere nulla senza essere disposti a soffrire per la speranza.

Paolo insiste presso i giudici sotto il cui giudizio si trova, di essere giudicato: "A motivo della speranza nella resurrezione dai morti" (At 23:6; vedi anche At 26:6-7; 28:20; altri brani riguardanti la resurrezioni possono essere trovati nella tesi 23).

Anziché proclamare comodamente la nostra speranza dal divano in salotto, dobbiamo accettare il bisogno degli svantaggi e delle sofferenze concrete a causa della nostra speranza. Non perché la sofferenza abbia un qualche valore in sé stessa, ma perché il nostro mondo ci fa soffrire e perché il nostro dolore evidenzia la gravità della situazione.

44. La speranza è invincibile, poiché scaturisce dal di dentro

Tesi: La vera speranza vive nei cuori umani e non può quindi essere vinta da forze esterne. "Or la speranza non delude, perché l'amore di Dio è stato sparso nei nostri cuori mediante lo Spirito Santo che ci è stato dato" (Ro 5:5).

Per questo motivo, dobbiamo "rendere conto della speranza che è in" noi (1 Pi 3:15). Non c'è da stupirci se tanti passi della Bibbia parlano della speranza nei nostri cuori (vedi Ef 1:18). E per questo motivo la vera speranza implica la trasformazione dei nostri cuori da parte dello Spirito di Dio. Paolo prega per gli efesini affinché "egli illumini gli occhi del vostro cuore, affinché sappiate a quale speranza vi ha chiamati, qual è la ricchezza della gloria della sua eredità che vi riserva tra i santi" (Ef 1:18). E dunque il segreto della speranza è che Cristo vive, in noi. "Dio ha voluto far loro conoscere quale sia la ricchezza della gloria di questo mistero fra gli stranieri, cioè Cristo in voi, la speranza della gloria" (Col 1:27).

Nella Bibbia il cuore è il centro del giudizio, del pensiero, della volontà, e del carattere, il luogo in cui prendiamo le nostre decisioni. Il cuore governa la nostra vita. Quando sono Dio e la Sua Parola a controllare il cuore di una persona, egli "crede nel cuore" nel senso biblico del termine (Vedi Mr 11:23; Ro 10:9-10; At 8:37) e ama Dio con "tutto il suo cuore" (De 6:6; Mt 22:37). La fede e la vita sono una sola cosa. Parlando di Mammona, Gesù utilizza in questo senso il termine "cuore" quando dice: "Poiché dov'è il vostro tesoro, lì sarà anche il vostro cuore" (Mt 6:21 e Lu 12:34).

45. La speranza è invincibile, poiché proviene dal cielo

Tesi: La speranza nell'eternità ci dà forza nello spazio e nel tempo.
Paolo parla de "la speranza che vi è riservata nei cieli" (Col 1:5).

I non credenti non possono vivere la vera speranza cristiana; essa non può essere vinta dalle situazioni difficili ("il mondo"), poiché vive in noi e poiché viene dai cieli.

46. La speranza ci difende dal maligno

Tesi: La speranza cristiana ci protegge dagli attacchi del maligno, poiché indossiamo "la corazza della fede e dell'amore e per elmo la speranza della salvezza" (1 Te 5:8; vedi anche Ef 6:17). La parte più importante del corpo, la testa, è protetta perché veste la speranza come elmo. Quando perdiamo quella protezione perdiamo la testa, e quindi noi stessi.

Come scrisse il padre della chiesa Crisostomo: "Così come l'elmo protegge la nostra parte più onorevole, il nostro capo, coprendolo su ogni lato, così la speranza fa in modo che il nostro coraggio non muoia, lo mantiene eretto, difendendolo da qualunque cosa che possa cadervi sopra da fuori."[32]

La speranza ci protegge, ovviamente, soltanto perché Dio è la nostra sentinella e perché possiamo fidarci di Lui e della Sua Parola. "Tu sei il mio rifugio e il mio scudo; io ho riposto nella tua parola la mia speranza" (Sl 119:114).

LA SPERANZA DI FRONTE ALLE SPECULAZIONI SUL GIORNO DEL GIUDIZIO

47. Le Scritture appoggiano la speranza di crescita della chiesa

Tesi: Il successo delle missioni a livello mondiale è garantito dal dominio invisibile ma universale di Gesù Cristo.

Il successo delle missioni a livello mondiale conferma la promessa del dominio di Cristo. Nel grande mandato che troviamo in Matteo 28:18-20, Egli afferma il trionfo dell'evangelizzazione a livello mondiale assicurandoci che "ogni potere sul cielo e sulla terra mi è stato dato" (v. 18) e che "ecco, io sono con voi, fino alla fine dell'età presente" (v. 20) – e tutte questo di fronte ai dubbi dei discepoli (v. 17). Il grande mandato è una promessa e un comandamento al tempo stesso, poiché il Signore Stesso renderà Suoi discepoli gente da tutti i popoli: "Io edificherò la mia chiesa, e le porte dell'Ades non la potranno vincere" (Mt 16:18). Non è forse vero che nell'Apocalisse è continuamente proclamato il fatto che genti di ogni lingua e cultura apparterranno all'innumerevole assemblea dei salvati? "Essi cantavano un cantico nuovo: Tu sei degno di prendere il libro e di aprirne i sigilli, perché sei stato immolato e hai acquistato a Dio, con il tuo sangue, gente di ogni tribù, popolo e nazione, e ne hai fatto per il nostro Dio un regno e dei sacerdoti; e regneranno sulla terra" (Ap 5:9-10; Vedi anche 7:9; 10:11; 11:9; 13:7; 14:6; 17:15).

La crescita è una caratteristica del Regno di Dio, come dimostrato dal libro di Daniele nelle sue molteplici immagini profetiche, e dal modo in cui le parabole di Gesù mostrano il futuro. Il sogno di Nabucodonosor termina con un masso che cade dal cielo distruggendo la statua dei regni

---

[32] 9. Homily, Ch. 5, 8

terreni (Da 2:34-35), e questo masso poi cresce fino a diventare una montagna "e riempì tutta la terra" (Da 2:35,45). Daniele commenta, "al tempo di questi re, il Dio del cielo farà sorgere un regno, che non sarà mai distrutto e che non cadrà sotto il dominio d'un altro popolo. Spezzerà e annienterà tutti quei regni, ma esso durerà per sempre" (Da 2:44). Daniele ritrae la fine dei regni terreni simbolicamente con delle bestie (Da 7:9-14, 26-27). Questi regni terminano quando il "figlio dell'uomo" (Da 7:13; Gesù spesso indica se stesso utilizzando questa formula) ascenderà in cielo e riceverà "autorità, gloria e regno", cosicché "le genti di ogni popolo, nazione e lingua lo servissero" (Da 7:14). Questo regno non può essere distrutto (Da 7:14,27). In effetti Gesù ha stabilito il Suo primo regno al tempo dell'Impero Romano, partendo dai Suoi discepoli e dalla chiesa primitiva, e ha profetizzato in molte parabole che esso si sarebbe accresciuto fino a riempire la terra (per esempio la parabola delle zizzanie e del buon seme, in Mt 13:24-30, 36-43, quella del seme di senape, in Mt 13:31-32, la parabola del lievito in Mt 13:33-35).

Nella Bibbia la promessa di crescita si riferisce a tutti gli aspetti della chiesa, interni ed esterni, spirituali e pratici, ciascuno considerato singolarmente oppure tutti insieme. Questa crescita interiore ed esteriore del Regno di Dio e della chiesa di Gesù Cristo non implica che ciascuna e ogni chiesa, denominazione o gruppo crescerà automaticamente – Dio può scegliere di disciplinare la Sua chiesa o può permettere ad una congregazione apostata di morire (Vedi Ap 2:5; Ro 11:20-21).

La certezza della crescita e, infine, del successo del Regno di Dio non elimina la possibilità della sofferenza. In particolare le parabole riguardanti la crescita, quali quella delle zizzanie e del buon seme, mostrano chiaramente che il male matura passo a passo con il Regno. Le erbacce sopravvivono però soltanto perché Dio sta educando la Sua chiesa. Se la chiesa di Cristo fosse tolta dalla terra, il giudizio finale sarebbe immediato (Vedi Ge 18:22-23).

48. La speranza anche di fronte all'opposizione religiosa e statale

Tesi: L'Apocalisse di Giovanni ci da un messaggio potente, che ha continuamente incoraggiato i credenti attraverso la storia. Dovremmo essere d'accordo con questo punto, a prescindere dal modo in cui interpretiamo i dettagli dell'Apocalisse. La chiesa non si espande per mezzo del potere, della ricchezza o della forza, ma soltanto attraverso l'autorità di

Cristo, la Parola di Dio e la preghiera. Anche quando Dio permette alle altre religioni e allo stato di combinare le proprie forze per opporsi alla chiesa, e anche quando la chiesa sembra ormai perduta, la falsa chiesa e lo stato stanno solo scavando la propria fossa nell'opporsi alla chiesa di Gesù. Dio porta anche i poteri terreni a combattersi a vicenda, cosicché le forze politiche distruggono gli oppositori religiosi della chiesa, così come la bestia dell'Apocalisse realizza un improvviso voltafaccia nei confronti della prostituta di Babilonia.

Il Regno di Dio continua a crescere nonostante tutti i poteri religiosi, intellettuali, economici e politici del mondo. Questo principio spirituale non era forse evidente già nell'Antico Testamento? Non è Gesù stesso a prometterlo nel mandato missionario e nella promessa secondo cui le stesse porte dell'Ades non avrebbero potuto danneggiare il Regno di Dio?

Questo principio non è stato verificato più volte nella storia della chiesa? Dov'è l'Impero Romano? Dov'è il Manicheismo? Dove sono le varie religioni largamente estese nell'antichità che odiavano il cristianesimo, e che adesso sono solo oggetto di studio per gli storici? Cos'è successo al Nazionalsocialismo o alla Rivoluzione Comunista che ebbero origine in Germania e Russia? Non c'è forse da imparare dall'Apocalisse che sono contati i giorni dell'Islam, dell'Esoterismo, e del Materialismo, anche se non abbiamo idea di quando si rivelerà il sapiente piano di Dio?

49. Abbiamo ancora speranza, anche di fronte al giudizio imminente

Tesi: Anche quando Dio ha pronunciato un giudizio, anzi, particolarmente ora che Dio ha pronunciato il giudizio, possiamo sperare.

Giona era assolutamente certo che Ninive fosse condannata. Dalla dichiarazione di Dio sembrava che la Sua decisione fosse irrevocabile: "Ancora quaranta giorni, e Ninive sarà distrutta" (Gn 3:4), ma era sottintesa una condizione, che spiega il perché della missione di Giona – "a meno che vi ravvediate e crediate!" Gli abitanti della città ascoltarono l'avvertimento, si ravvidero e glorificarono Dio, ed Egli ebbe pietà nonostante la Sua minaccia (Gn 3:5-10).

Nonostante la sua rabbia, Giona sapeva che Dio si comporta spesso in questo modo: "Sapevo che tu sei un Dio misericordioso e pietoso" (Gn 4:2). La disperazione e le lamentele di Giona erano persino espressioni pie e ben fondate teologicamente! Provò "un gran dispiacere" (Gn 4:1) che

Dio avesse scelto di perdonare gli assiri, anche se, da buon teologo, a-vrebbe dovuto sapere che Dio ha misericordia anche dei pagani: "Perciò m'affrettai a fuggirmene"(Gn 4:2). Dio fornì a Giona un ricino per "cal-marlo della sua irritazione", ma quando Egli lo fece seccare Giona era in-felice e voleva morire. In questo modo Dio poteva mostrargli come Egli si sentisse riguardo ai perduti della città di Ninive (Gn 4:7-11).

Riguardo al libro di Giona, il padre della chiesa Crisostomo scrive nella sua "Omelia sul ravvedimento" evidenziando il fatto che l'insegnamento cristiano sembra distruggere la speranza, non però con il proposito di di-struggerlo, quanto invece per indicare la vera speranza che si trova soltan-to in Dio.

La grazia inconcepibile di Dio si esprime nel fatto che le dichiarazioni di giudizio divino sono raramente confermate da un giuramento, il che le rende non irrevocabili, ma dichiarazioni di grazia ancora maggiori. Il patto con Noè, secondo il quale Dio non avrebbe mai più giudicato la terra in quella maniera (Ge 8:20-9:17), fu invece rafforzato con un giuramento. Nella storia di Israele Dio fa lo stesso, come troviamo scritto in Isaia 54:9: "Avverrà per me come delle acque di Noè; poichè, come giurai che le ac-que di Noè non si sarebbero mai sparse sopra la terra, così io giuro di non irritarmi più contro di te, di non minacciarti più".

50. Di fronte al giudizio imminente, Dio mette alla prova la nostra fede

Tesi: La chiesa predica il giudizio, soltanto perché abbiamo speranza. La minaccia del giudizio offre delle opportunità uniche di dimostrare la nostra speranza attraverso la preghiera, le parole, i fatti.

Giobbe utilizzò l'esempio dell'albero che è in apparenza morto e spoglio, un immagine cara ai profeti dell'Antico Testamento: "Per l'albero almeno c'è speranza; se è tagliato, rigermoglia e continua a mettere germogli" (Gb 14:7).

Proverbi 11:11 insegna che Dio può anche scegliere di salvare un'intera società per amore di alcuni timorati di Dio: "Con la benedizione dei giusti si costruisce una città, ma con la bocca degli empi essa viene diroccata".

La pressante preghiera di Abraamo per Sodoma e Gomorra (Ge 18:6-33) dimostra l'importanza che possono avere dei timorati di Dio in una società senza Dio; Egli avrebbe salvato quelle città se vi avesse trovato dieci giusti (Ge 18: 25,32).

A conti fatti il nostro mondo senza Dio continua ad esistere fino al ritorno di Cristo grazie ai timorati di Dio che continuano a viverci, e perché il Regno di Dio sta crescendo, come mostra Gesù nella parabola delle zizzanie e del grano (Mt 13:2430; 36-42). Alle zizzanie è permesso di crescere, ma soltanto per far vivere il grano. Quando il grano avrà maturato e avrà riempito la terra, allora le erbacce saranno distrutte.

Per quanto sia importante analizzare i problemi della società secondo la Legge di Dio, i credenti hanno un solo modo di rinnovare la politica e la società: "Se il mio popolo, sul quale è invocato il mio nome, si umilia, prega, cerca la mia faccia e si converte dalle sue vie maligne, io lo esaudirò dal cielo, gli perdonerò i suoi peccati, e guarirò il paese" (2 Cr 7:14). La chiesa può dunque pregare per la società e per lo stato. Che non abbia Dio a dire a noi, come ha fatto ad Ezechiele: "Io ho cercato fra loro qualcuno che riparasse il muro e stesse sulla breccia davanti a me in favore del paese, perché io non lo distruggessi; ma non l'ho trovato" (Ez 22:30).

Anche quando il giudizio appare inevitabile, non dobbiamo diffondere il panico, la rassegnazione e la disperazione, ma dobbiamo pregare per il nostro popolo, come fece Abraamo.

Molti hanno perso la speranza per l'Europa, perché ci sono segni di declino. La speranza non si basa però sulla realtà visibile, ma ragiona tenendo conto dell'intervento di Dio. Quando i primi credenti recarono la speranza all'Impero Romano, la loro situazione non era assolutamente migliore di quella attuale! La storia recente dell'Europa dell'Est ci ricorda che il giudizio può colpire le forze anticristiane per aprire la strada al Vangelo!

51. La speranza è più che una congettura

Tesi: Poiché Gesù afferma chiaramente che l'umanità non può predire quale sarà il giorno del Suo ritorno, le nostre azioni devono dipendere dai comandamenti di Dio, e non da speculazioni riguardanti il futuro.

Gesù ci vieta chiaramente di fare congetture sul giorno del Suo ritorno: "Non spetta a voi di sapere i tempi o i momenti che il Padre ha riservato alla propria autorità" (At 1:7); "Vegliate dunque, perché non sapete né il giorno né l'ora" (Mt 25:13).

Non abbiamo neppure alcuna indicazione secondo cui un qualche comandamento debba essere annullato in base ad eventi futuri, anche se credessimo di sapere esattamente quando questi saranno realizzati. Dio vuole che viviamo secondo la Sua volontà chiaramente rivelata, e non secondo gli eventi futuri, che Egli ci ha deliberatamente nascosto.

Nel terzo capitolo della seconda epistola a Timoteo, Paolo avverte: "negli ultimi giorni verranno tempi difficili" (2 Ti 3:1), in cui "gli uomini saranno egoisti, amanti del denaro, vanagloriosi, superbi, bestemmiatori, ribelli ai genitori, ingrati, irreligiosi, insensibili, sleali, calunniatori, intemperanti, spietati, senza amore per il bene, traditori, sconsiderati, orgogliosi, amanti del piacere anziché di Dio" (2 Ti 3:2-4).

Come dovrebbe dunque Timoteo vivere in tempi del genere? Egli deve seguire gli insegnamenti di Paolo e il suo esempio (2 Ti 3:10); deve obbedire alle Scritture: "Ma gli uomini malvagi e gli impostori andranno di male in peggio, ingannando gli altri ed essendo ingannati. Tu, invece, persevera nelle cose che hai imparate e di cui hai acquistato la certezza, sapendo da chi le hai imparate, e che fin da bambino hai avuto conoscenza delle sacre Scritture, le quali possono darti la sapienza che conduce alla salvezza mediante la fede in Cristo Gesù. Ogni Scrittura è ispirata da Dio e utile ad insegnare, a riprendere, a correggere, a educare alla giustizia, perché l'uomo di Dio sia completo e ben preparato per ogni opera buona" (2 Ti 3:13-17).

L'unica regola biblica per i tempi bui è di osservare i comandamenti biblici. Anziché istituire un'etica speciale per gli ultimi giorni, la Scrittura ci ordina di: predicare la Parola di Dio e obbedire ai Suoi comandamenti: "Svolgi il compito di evangelista" (2 Ti 4:5). C'è una sola ricetta per gli ultimi giorni: la Buona Novella del Vangelo, e cioè che Dio ci offre la speranza anche nell'ora più buia della nostra vita e ci da la prospettiva di un nuovo inizio attraverso la riconciliazione e il perdono.

LA SPERANZA PER TUTTE LE AREE DELLA VITA UMANA

52. La Riforma e il Risveglio implicano speranza per la chiesa e per la società

Tesi: Tutti i movimenti riformisti e di risveglio sono stati mossi dalla speranza di un risveglio e un rinnovamento della chiesa e della società.

Tutti i **riformisti** del sedicesimo secolo auspicavano una separazione tra stato e chiesa, ma allo stesso tempo incoraggiavano la società a fondarsi sui valori e sui precetti cristiani. Essi erano convinti che Dio voglia rinnovare completamente la chiesa e lo stato oltre che il singolo individuo. L'idea secondo la quale Lutero, Calvino e gli altri riformatori non fossero interessati alle questioni sociali, o che non avessero alcuna speranza riguardo alla vita terrena, è assurda. Tutti loro volevano rinnovare la società insieme alla chiesa e si impegnavano in questo senso insegnando alla gente i valori biblici.

I padri del **Pietismo** e dei **movimenti di riforma**, quali Philipp Jacob Spener, August Hermann Francke, Jonathan Edwards, John Wesley o George Whitefield, non soltanto sperimentarono una conversione personale, ma anche, motivati dal loro rinnovamento personale, si adoperarono perché sia lo stato che la chiesa sentissero un peso per i poveri e i deboli. Tutti loro furono trasformati dalla speranza che avevano e furono quindi spesso etichettati come "rivoluzionari".

Il programma di riforma pietista di Philipp Jakob Spener non stimolò soltanto un grosso movimento missionario, ma anche la nascita di numerose istituzioni a carattere sociale.[33] August Hermann Francke fondò, da solo o incoraggiandone direttamente la fondazione, numerosi orfanotrofi, scuole per i poveri, farmacie e ospedali. La sua "Realschule" (Scuola vera), un "invenzione" pietista, offriva ai bambini provenienti da famiglie di classe povera o media una "vera" educazione che li preparasse alla realtà della

---

[33] Vedi Helmut Egelkraut. Die Zukunftserwartung der pietistischen Väter. Theologie und Dienst, 53. Brunnen Verlag: Gießen, 1987; Philipp Jacob Spener. Umkehr in die Zukunft: Reformprogramm del Pietismus: Pia desideria. Ed. by Erich Beyreuther. Brunnen: Gießen, 1975; Vedi anche Martin Schmidt. "Speners ,Pia Desideria': Versuch einer theologischen Interpretation", p. 113-166 in Martin Greschat (Ed.). Zur neueren Pietismusforschung. Wege der Forschung CDXL. Wissenshaftliche Buchgesellschaft: Darmstadt, 1977.

vita. I chiostri evangelici[34] con la loro ampia rosa di assistenza ai poveri, agli anziani e ai malati, con i loro ospedali, le case per anziani, e, negli ultimi anni, i centri di riabilitazione per i tossicodipendenti, sono tutti elementi che fanno parte integrante della storia Pietista! I leader pietisti sviluppavano continuamente programmi e liste di richieste allo stato e alla società, e pubblicarono documenti per educare lo stato e i suoi cittadini al significato dei valori cristiani all'interno della società.

I padri di buona parte delle denominazioni cristiane – i padri della chiesa; i riformisti luterani quali Lutero e Melantone; teologi riformati quali Calvino, Bucer e Knox; Anglicani quali Cranmer; e i padri del metodismo, quali Wesley e Whitefield, e i battisti (particolarmente negli Stati Uniti e nel Regno Unito) partivano dal presupposto che i credenti conoscessero i valori di giustizia per la società e si sarebbero sforzati per realizzare le proprie speranze attraverso la preghiera, l'insegnamento, la profezia e l'azione. L'idea che i credenti dovessero isolarsi completamente dalla società, e che la nostra speranza potesse non avere assolutamente alcun effetto sulla società e del tutto estraneo alle confessioni di tutte le denominazioni cristiane!

I credenti europei devono ricominciare a seminare la speranza, come hanno fatto i riformisti, i pietisti, gli esponenti del revivalismo e tanti altri, e devono sforzarsi per la realizzazione di obbiettivi a lunga scadenza, e non solo la risoluzione dei problemi a breve termine.

L'individualismo che è dilagato in Europa e nell'Occidente negli ultimi 150 anni ci ha portati a credere che la nostra fede cristiana sia soltanto una questione personale, che essa non ha alcun valore sociale e che può anche sopravvivere indipendentemente da una chiesa organizzata. Questo atteggiamento genera disperazione e toglie ai credenti la speranza. Quando non sentiamo alcun bisogno di sforzarci per il bene altrui, allora perderemo presto anche la nostra speranza personale. È questo individualismo, e non la Bibbia o il pietismo, che ha portato tanti credenti a ritirarsi dalla vita famigliare, dal mondo degli affari, dalla politica e dalla scienza, e a smettere di testimoniare nella vita di ogni giorno i valori cristiani.

---

[34] I "Diakonissenmutterhäuser": istituzioni protestanti per certi versi simili ai chiostri cattolico-romani, nei quali delle diaconesse si votano al celibato e alla vita di servizio a Dio.

53. Speranza per i deboli

Tesi: La speranza cristiana è diretta in particolare verso i poveri, verso i deboli e verso i miserabili, infatti "così per il misero c'è speranza" (Gb 5:16), "certamente il povero non sarà dimenticato per sempre, né la speranza dei miseri resterà sempre delusa" (Sl 9:18). Coloro che sono in carcere ingiustamente sono detti "prigionieri della speranza", in Zaccaria 9:12, e la vedova sconsolata "ha posto la sua speranza in Dio, e persevera in suppliche e preghiere notte e giorno" (1 Ti 5:5).

La società europea è stata profondamente influenzata da numerosi gruppi quali l'Esercito della Salvezza, i metodisti, o le diaconesse protestanti, che si prodigano nell'assistenza a vari gruppi sociali. Dobbiamo rinnovare il nostro impegno per aiutare ogni individuo, anche se il resto del mondo e anche le chiese e altri credenti lo hanno ormai abbandonato a se stesso, e dobbiamo offrirgli la speranza così come ha fatto Gesù.

54. Speranza per ogni cultura e nazione

Tesi: La speranza cristiana offre speranza per ogni cultura e per ogni nazione.

"In lui spereranno le nazioni" (Ro 15:12). Dio non ha riguardo per nessuno (Vedi la tesi 61). "Infatti per questo fatichiamo e combattiamo: perché abbiamo riposto la nostra speranza nel Dio vivente, che è il Salvatore di tutti gli uomini, soprattutto dei credenti" (1 Ti 4:10).

Poiché Dio ha scelto un popolo con cui stabilire il patto dell'Antico Testamento al fine di dare speranza a tutte le genti, dunque la missione, la proclamazione della speranza per tutti, è un punto principale nell'Antico Testamento. Abraamo, Isacco e Giacobbe furono chiamati ad essere una benedizione per tutte le nazioni della terra (Ge 12:3; 18:18; 22:17; 26:4; 28:14). Il Nuovo Testamento è quindi la realizzazione della promessa fatta ai patriarchi riguardo alla missione tra i gentili (Lu 1:54-55,72; At 3:25-26; Ro 4:13-25; Ef 3:3-4; Ga 3: 7-9,14; Eb 6:13-20; 11:12).

La varietà di genti e culture non è un risultato della caduta ma fa parte del piano originale di Dio. Nella Bibbia non è condannato alcun elemento di alcuna cultura che non contraddica esplicitamente la santa volontà di Dio. Né la varietà di culture dipende dal giudizio divino in occasione della costruzione della torre di Babele (Ge 11:1-9). Al contrario, Dio confuse le lingue in modo da realizzare il suo stesso comandamento, cioè la distribuzione dell'umanità sull'intero globo ("riempite la terra", Ge 1:28; 9:1), il che porta automaticamente ad una diversificazione delle famiglie e delle genti, ma anche delle occupazioni, delle capacità e delle culture. Con la torre di Babele Satana aveva l'intenzione di fondare una cultura universale, il che rappresenta il suo fine costante, come vediamo nell'Apocalisse, con l'Anticristo. La "Bestia", che riceve il potere dal "Dragone" (Ap 13:1-10) ricevette autorità "sopra ogni tribù, popolo, lingua e nazione", ma Dio non vuole né una città universale, né un governo universale, né un umanesimo universale. Soltanto Dio e la Sua Parola, e non una qualche istituzione umana visibile, possono garantire l'unità del mondo. Egli ha sparso l'umanità su tutta la faccia della terra (Ge 1:9), a partire dai figli di Noè che popolarono il globo (Ge 9:19) fino a che le nazioni riempirono tutto il pianeta (Ge 10:5), il che spiega l'origine dell'umanità da una sola famiglia (Ge 10:1-32). Dio Stesso è il creatore delle nazioni, poiché "da uno solo ha tratto tutte le nazioni degli uomini perché abitino sulla faccia della terra, avendo determinato le epoche loro assegnate, e i confini delle loro abitazioni" (At 17:26; vedi anche De 32:8; Sl 74:17). I credenti sono dunque liberi da qualunque costrizione culturale. Nessuna tradizione o regola umana ci lega, soltanto la Legge di Dio. Marco 7:1-13 lo dimostra chiaramente quando Gesù critica i farisei, i quali avevano elevato la propria cultura umana al livello della legge divina. I credenti potranno giudicare le altre culture secondo le norme bibliche, soltanto quando avranno imparato a distinguere tra la propria cultura (il che comprende anche la cultura religiosa) e la Legge di Dio, che ha un valore superiore a qualunque cultura. Marco 7:1-13 è un buon esempio. I farisei avevano motivazioni ammirevoli per la creazione di ulteriori regole oltre alla Legge di Dio e per imporre queste regole anche al resto della società. Ciononostante Gesù li critica, perché, così facendo, essi si erano assunti un ruolo di legislatori divini, allo stesso livello di Dio: "Invano mi rendono il loro culto, insegnando dottrine che sono precetti di uomini" (Mr 7:7; Mt 15:9).

Poiché apparteniamo a Cristo soltanto e siamo soggetti soltanto alla Sua Parola, possiamo mettere sotto osservazione sia la nostra cultura che le altre. Paolo giustifica la necessità di adattarci agli altri nell'evangelizzazione facendo riferimento alla sua libertà rispetto a qualunque essere umano (1 Co 9:19-23). "Poiché, pur essendo libero da tutti, mi sono fatto servo di tutti, per guadagnarne il maggior numero; con i Giudei, mi sono fatto giudeo, per guadagnare i Giudei; con quelli che sono sotto la legge, mi sono fatto come uno che è sotto la legge (benché io stesso non sia sottoposto alla legge), per guadagnare coloro che sono sotto la legge; con quelli che sono senza legge, mi sono fatto come se fossi senza legge (pur non essendo senza la legge di Dio, ma essendo sotto la legge di Cristo), per guadagnare quelli che sono senza legge. Con i deboli mi sono fatto debole; mi sono fatto ogni cosa a tutti, per salvarne ad ogni modo alcuni. E faccio tutto per il vangelo, al fin di esserne partecipe insieme ad altri".

Un credente può dunque vivere in maniera così legata alla sua cultura da non notare che, nella migliore delle ipotesi, viene mal compreso, mentre nella peggiore può addirittura impedire ad altri di comprendere il vangelo (1 Co 9:12). Non abbiamo dunque soltanto la responsabilità di parlare ad altri della salvezza in Gesù Cristo, ma anche di proclamare il Vangelo in una maniera che risulti comprensibile. Per questo dobbiamo tradurre la Bibbia in ogni possibile lingua e dobbiamo assolutamente esprimere il Vangelo in ogni dialetto e in ogni forma culturale.

C'è speranza per l'Europa. Non che gli europei siano più vicini a Dio o più importanti delle altre persone. Al contrario, Dio ama tutte le genti, anche gli Europei, nonostante tutto ciò che abbiamo fatto in passato.

55. Dobbiamo esprimere la nostra speranza in formulazioni concrete riguardanti tutte le aree della vita e della creazione

Tesi: La speranza cristiana include l'intera creazione, sia nella sua dimensione eterna che nell' hic et nunc. La liberazione finale della creazione racchiuderà l'intero universo vivente. "Perché la creazione è stata sottoposta alla vanità, non di sua propria volontà, ma a motivo di colui che ve l'ha sottoposta" (Romani 8:20, vedi anche il vs. 24). La rappresentazione di Giovanni dei nuovi cieli e della nuova terra include dunque non solo le persone, ma anche la terra stessa (Tratteremo la conservazione in una sezione più avanti).

La Bibbia non si preoccupa solo della fede dell'individuo; tratta anche numerose questioni di carattere sociale, quali la famiglia, l'economia, e questioni giudiziarie, civili e relative all'organizzazione. Temi quali l'eredità, l'educazione dei figli, il benessere, i debiti, l'inflazione, la corruzione, le tasse, la prostituzione, i rapimenti, i beni immobili, il risarcimento, i giudici, i regnanti, le spese militari, le pensioni d'anzianità, la difesa personale, la conservazione, lo spergiuro, l'aborto, il profitto, le necessità dei disabili, ecc. riguardano *solamente* gli individui? Enfatizzo il *solamente* in quanto, visto che tutti i sistemi etici cristiani e tutte le trasformazioni hanno origine dalla vita dell'individuo, un qualunque tentativo di limitare il valore della Bibbia alla sfera privata è destinato già in origine a fallire. Le Scritture evidenziano moltissime volte la struttura della creazione di Dio finalizzata ad un'esistenza sociale dell'uomo. Ridurre queste leggi a questioni meramente private significa ripudiare i comandamenti di Dio. Come dice John Warwick Montgomery, chiunque capisca cosa è in realtà il cristianesimo, comprende automaticamente anche che per definizione esso esige che i suoi discepoli resistano attivamente ai mali sociali e su impegnino a venire in contro ai bisogni umani.[35]

Nelle prossime pagine, vorrei trattare varie sfere della vita: la famiglia, l'economia, la legge, la politica e il conservazione. Spero che le mie idee incoraggino una discussione su ulteriori questioni e che esperti delle varie sfere e professioni traducano il nostro appello nella propria terminologia a vantaggio dei propri colleghi. Una delle più grandi sfide per l'Europa è trovare formulazioni pratiche di speranza biblica per la vita di ogni giorno in ogni suo campo, in ogni professione e per quanto riguarda tutte le responsabilità.

Excursus: Le fonti dell'etica evangelica

Prima di discutere i vari aspetti della vita sociale, vorrei investigare il rapporto tra la speranza biblica, la rivelazione divina nelle Scritture e la conoscenza umana. Alister E. McGrath scrive: "In generale, la tradizione cristiana ha accettato queste fonti: 1) La Scrittura, 2) La ragione, 3) La tradizione, 4) L'esperienza."[36] Apparte queste fonti, includeremmo l'autorità ecclesiastica, la situazione concreta e la cultura in cui ci ritroviamo (tutte le quali sono incluse della lista di McGrath).

Per l'etica evangelica, la Parola di Dio è il finale e unico inattaccabile metro di misura, il criterio in base al quale giudichiamo ogni altra autorità (in latino, "norma normans", cioè il criterio su cui basiamo ogni altro criterio). Ma quale valore hanno dunque altre fonti quali l'autorità ecclesiastica, la ragione, la saggezza, l'esperienza, le situazioni concrete e la cultura? Dobbiamo rifiutarle perché la Bibbia ha l'autorità massima? Oppure

---

[35] John Warwick Montgomery. Christians in the Public Square. Law, Gospel and Public Policy. Canadian Institute for Law, Theology and Public Policy: Edmonton (CAN), 1996, p.30.

[36] Alister E. McGrath. Der Weg der christlichen Theologie. C. H. Beck: Monaco, 1997, p. 189.

possono influenzare le nostre decisioni di carattere etico? La tradizione, l'esperienza e la situazione (o la cultura) non sono le sole fonti in materia di etica, ma sono solo classiche denotazioni comuni alla nostra civiltà, sono una terminologia che utilizziamo per descrivere il modo in cui riceviamo vedute buone e giuste dal mondo.

Una posizione esagerata, più pia dello stesso Gesù e degli apostoli tenta di eliminare questi aspetti dall'etica. Affermando di basarsi solamente sulla Bibbia, coloro che sostengono questa posizione rifiutano qualunque altro criterio e qualunque altra raccomandazione. Questo è, ovviamente, irrealistico. Nessuno vive solo secondo le Sritture, e nessuno è incapace di distinguere tra bene e male in questioni non affrontate direttamente dalla Bibbia. Possiamo trovare argomenti a sfavore del fumo, nonostante né la Bibbia parli del tabacco né si possa bollare il fumo come un "peccato". Esso è semplicemente dannoso alla salute, antisociale e poco saggio.

Vorrei a questo punto ricordare ai miei lettori che questa posizione è assolutamente estranea alla Bibbia, in cui ripetutamente siamo invitati a prendere sul serio la saggezza e l'esperienza altrui, ad ascoltare gli avvertimenti delle guide del popolo di Dio o di altre persone in posizioni di autorità, e ad imparare dalla storia. Del resto, anche gli scrittori della Bibbia spesso argomentano proprie posizioni sulla base dell'esperienza o della logica. Se consideriamo la Bibbia come nostro criterio sommo, dobbiamo anche vivere secondo la sua esortazioni di accettare i consigli, la saggezza, l'esperienza, la ragione o le indicazioni dateci dalle guide ecclesiastiche o secolari. "Questo bisogno di ottenere una conoscenza extra biblica per comprendere la Bibbia non è una necessita onerosa. Costituisce una parte naturale e normale del nostro compito, e Dio si aspetta che noi lo facciamo."[37]

Non c'è dubbio che Dio ha posto dei limiti nella sua Parola, ma nel farlo ci ha dato una libertà ancora maggiore. Il pensiero umano, corrotto dalla maledizione della caduta, può essere uno strumento terribile nelle mani di Satana, ma come parte intrinseca dell'ordine creativo di Dio di un uomo a Sua immagine, si purifica e trasforma progressivamente secondo i fini di Dio, quando l'individuo si pente e si rivolge a Dio. Per questo, i credenti possono essere persone coscienti, pensanti. Le Scritture ci offrono un'etica di comandamenti, ma anche un'etica di saggezza. Insieme a regole e limiti

---

[37] John M. Frame. The Doctrine of the Knowledge of God: A Theology of Lordship. Presbyterian & Reformed: Phillipsburh (NJ), 1987, p.67; Vedi anche pp. 66-68.

assoluti, dobbiamo anche imparare dalle nostre esperienze di vita e dalla saggezza, che giudica la situazione concreta in maniera adatta e prende decisioni che potrebbero rivelarsi sbagliate in altre occasioni. Dio ha creato l'uomo in una varietà di culture, e non si è mai aspettato che pensassimo, vivessimo e "funzionassimo" tutti in maniera identica.

La rivelazione deve essere la fonte del nostro pensiero e del modo in cui facciamo piani per il futuro. "Il timore del Signore è il principio della saggezza" (Prov. 9:10; 7:1) non la sua fine.

L'etica basata sulla "Legge naturale" ha dunque un certo valore per i credenti. Fin quando è la Parola di Dio a determinare il nostro pensiero, l'etica naturale o relativa ad una data situazione ha un giustificazione relativa e non assoluta. Lo stato necessita di un qualche fondamento etico di base che include la protezione della vita umana. Con questo principio, formulerà quindi regolazioni per il traffico e altre leggi sulla base della natura della questione. Non sarà la rivelazione divina o un qualche libro cristiano a determinare i limiti di velocità in strada, ma la nozione degli effetti di una data velocità.

Un ottimo esempio per chiarire l'interazione tra la conoscenza biblica e la scienza basata sulla Bibbia può trovarsi nella questione dell'aborto e del controllo delle nascite.[38] Fino a ché i biologi scoprirono l'esatto processo dell'unione tra lo spermatozoo maschile e l'ovulo femminile, non potevamo affermare con sicurezza quale fosse l'esatto momento in cui ha inizio la vita umana. Da allora i cristiani insistono che una persona è effettivamente un essere umano fin dal momento del concepimento e che una qualunque interruzione della gravidanza è omicidio. Allo stesso tempo, fu allora possibile approvare alcuni metodi anticoncezionali, vista la nozione che non c'è vita umana prima del concepimento e perché, contrariamente ad alcune idee precedenti, non c'è alcuna distruzione della vita umana nell'impedire il concepimento.

Un altro esempio è l'educazione dei bambini. Si può educare i bambini facendo uso solo della Bibbia? Certo che no. La Bibbia non ci dice niente riguardo ai problemi di salute, riguardo alla quantità di sonno di cui hanno bisogno i bambini, riguardo alle forme di cortesia (educazione in senso lato), riguardo all'età in cui mandarli a scuola o riguardo alla paghetta da

---

[38] Vedi Richard M. Fagley. The population Explosion and Christian Responsibility. Oxford University Press: New York, 1960, pp. 192-193.

dare loro. Le Scritture ci espongono il fine di Dio e i principi generali per l'educazione dei bambini, che aiutano quindi a distinguere tra un'educazione biblica e una non tale. I genitori devono "allevare i figli nella disciplina e nell'istruzione del Signore" (Ef. 6:4), devono insegnare loro ad amare Dio e la Sua Parola (2 Tim. 3:14-17), e devono prepararli a vivere una vita indipendente secondo le leggi naturali Dio e sotto la Sua autorità. Oltre a queste indicazioni generali la Bibbia contiene solo alcuni comandamenti o suggerimenti quali la punizione corporale o l'uso di racconti biblici (ad esempio riguardo alla Legge: Deut. 4:9-10; 6:4-9,20-25; 11:18-21; 31:12-13; 32:7; Giosuè 4:6-7; Salmi 78:5-8; Prov. 22:7; riguardo alla Pasqua: Esodo 12:26-27; 13:14-16. Vedi anche Esodo 13:6-10). Una volta accettato il comandamento biblico di base, verrà naturale ai genitori modellare i propri metodi secondo lo spirito biblico. Lo sviluppo fisico e mentale del bambino determineranno molte decisioni ed è spesso abbastanza simile a quello di altri bambini, e i consigli di non credenti possono rivelarsi utili.

Del resto, dei genitori credenti devono tradurre questi principi generali nella realtà di ogni giorno. Nel farlo prendono in considerazione l'esperienza di generazioni precedenti (tradizione), i suggerimenti moderni, gli studi scientifici, e utilizzano il proprio discernimento per trovare la soluzione migliore per i propri figli , il che è assolutamente impossibile per chi non conosca la situazione concreta e particolare del bambino. Le decisioni finali necessitano di una conoscenza dello sfondo culturale del bambino, del carattere della famiglia e dell'ambiente.

Dio desidera e ordina che tutti gli uomini impieghino i doni ricevuti. I genitori possono incoraggiare i propri figli in questo solo osservandoli così da scoprire le loro capacità e le loro preferenze, e utilizzando le proprie menti per sviluppare delle strategie concrete.

Bisogna evitare tre pericoli. Il primo è di condannare a priori qualunque fonte di etica o di istruzione che non vengano dalla Bibbia, il che in realtà significherebbe soltanto essere inconsci dei fattori che hanno influenzato il proprio modo di pensare. Il secondo pericolo è quello di mettere sullo stesso piano decisioni razionali, o le altrui esperienze con Dio, e la legge di Dio stesso, come accade quando autori cristiani danno delle "ricette" che dovrebbero essere infallibili, nonostante il fatto che ogni bambino è assolutamente diverso; quei genitori che abbiano 3 figli potrebbero infatti scrivere 3 libri diversi! Il terzo pericolo è di concentrarci sulla ragione e sull'esperienza ignorando poi l'orientamento biblico

Dio ci ha quindi dato un obiettivo finale nel crescere i nostri figli, e ci ha dato l'intelligenza e la saggezza per trovare il modo migliore di farlo!

56. La speranza biblica in opposizione all'illusoria speranza della moralità borghese

Tesi: Nella Bibbia non esiste una qualche moralità civile neutrale che considera il lavoro, l'industriosità, la famiglia, la ricchezza, ecc. come valori assoluti, ma solamente valori che l'Uomo, quale parte della creazione, ha ricevuto da Dio, e di cui fa uso con gratitudine e dipendenza da Dio.

Ciò è dimostrato molto chiaramente nel libro dell'Ecclesiaste. Alcuni hanno accusato l'autore di questo libro d'essere un pessimista senza timore di Dio. R. B. Y. Scott conclude che egli deve essere stato un razionalista, agnostico, pessimista e fatalista,[39] e che il sistema etico dell'Ecclesiaste non si basa assolutamente sui comandamenti divini, in quanto questi non esistono.[40] Poiché l'autore accetta il suo destino, tutto ciò che gli rimane è il piacere. Tuttavia, la divisione classica del libro[41] contraddice fortemente questa opinione, in quanto il tema ripetuto del godimento terreno in Ec 2:24-26; 5:17-19; 8:15-17; 11:7-10 costituisce la conclusione di quattro sezioni principali.[42] Ciascuna, dunque, si conclude con un'esortazione a godersi la vita completamente e a vivere nel presente, non in un lontano futuro. "Le immagini negative costituiscono l'inizio di ogni sezione, quelle positive la fine"[43]. Le gioie della vita sono dichiarate espressamente 8 volte (2:24-26; 3:11-14,22; 5:17-19; 8:15; 9:7-10; 11:7-10; see also 12:1). Termini derivati dalla parola ebraica "smh" (gioia) compaiono 17 volte.

---

[39] R. B. Y. Scott. Proverbs, Ecclesiastes. Anchor Bible. Doubleday: Garden City (NY), 1965, p. 191. Scott non intende, con la sua descrizione, dare un giudizio sul valore dell'autore.

[40] Ibid., p. 192.

[41] Vedi Walter C. Kaiser. Ecclesiastes: Total Life. Everyman's Bible Commentary. Moody Press: Chicago, 1979; and Addison G. Wright. "The Riddle of the Sphinx: The Structure of the Book of Qoheleth", pp. 45-66 in: Roy B. Zuck (Ed.). Reflecting with Solomon. Baker Books: Grand Rapids (MI), 1994 [aus Catholic Biblical Quarterly 30 (1968), pp. 313-334].

[42] Donald R. Glenn. „Der Prediger". pp. 651-696 in: John F. Walvoord, Roy F. Zuck (Ed.). Das Alte Testament erklärt und ausgelegt. Vol. 2: 1. Könige - Hohelied. Hänssler: Neuhausen, 1991. p. 655 (English original: Bible Knowledge Commentary Old and New Testament, here Ecclesiastes).

[43] Hans Möller. Alttestamentliche Bibelkunde. Lutherische Buchhandlung: Groß Oesingen, 1989. p. 194.

La gioia è la sinossi dell'intero libro. "Non c'è nulla di meglio per l'uomo del mangiare, del bere e del godersi il benessere in mezzo alla fatica che egli sostiene; ma anche questo ho visto che viene dalla mano di Dio. Infatti, chi senza di Lui può mangiare o godere? Poiché Dio dà all'uomo che egli gradisce, saggezza, intelligenza e gioia; ma al peccatore lascia il compito di raccogliere, di accumulare, per lasciare poi tutto a colui che è gradito agli occhi di Dio. Anche questo è vanità e un correre dietro al vento" (Ec 2:24-26).

La realizzazione della vanità della vita porta alla gioia		
Passo	Ciò che è vano	Esortazione alla gioia
1:12-2:26	La fatica umana	2:24-26
3:1-15	Il futuro incerto	3:11-14
3:16-22	L'ingiustizia nel mondo	3:22
5:9-19	Lo sforzo per arricchirsi	5:17-19
8:10-15	Il male impunito	8:15
9:1-10	L'ineluttabilità della morte	9:7-9
11:7-12:7	La vecchiaia e la morte	11:9-10; 12:1

Come può l'Ecclesiaste passare così repentinamente dal pessimismo al godimento? Ignorando i problemi? No! Si rivolge a Dio e comprende che ogni cosa è "dalla mano di Dio" (2:24-26). Circostanze che appaiono vane e senza speranza all'uomo assumono significato quando Dio, creatore e preservatore, attrae la nostra attenzione, e quando viviamo una vita a Lui gradevole (2:26).

Il fine dell'Ecclesiaste è di dimostrare la vanità della fatica, dell'industriosità, della famiglia, della ricchezza, di per se stesse, senza Dio, e di incoraggiare l'uomo a riceverle invece come doni di Dio, da utilizzarsi secondo il Suo volere. Come ha detto Donald R. Glenn, l'Ecclesiaste esprime una valida critica all'umanesimo secolare moderno.[44] Senza Dio, "chi può mangiare o godere?" (2:25), "ma che se uno mangia, beve e gode del benessere in mezzo a tutto il suo lavoro, è un dono di Dio" (3:13).

---

[44] Donald R. Glenn. op. cit., p. 655.

Il concetto di una morale civile neutrale non è biblico. Cose quali la fatica, l'industriosità, la famiglia, i possedimenti e la ricchezza, non sono valori di per se stessi, ma hanno solo valore come doni dalla mano di Dio, che l'uomo può utilizzare con gratitudine e dipendendo da Lui. Il libro dell'Ecclesiaste smonta il sistema di valori del moralismo civile, ma questo risorge nuovamente nel momento in cui coincide con i comandamenti divini. Quando una persona realizza un fede vivente in Cristo non può semplicemente continuare a vivere secondo gli stessi valori di prima, ma deve analizzarli e lasciare che essi siano raffinati nel fuoco dell'Ecclesiaste, così da fondarli sulla Parola di Dio, e non su un qualche moderno senso della "decenza".

Non è una nostra responsabilità comprendere ogni cosa, aver considerato tutte le possibile conseguenze e comprendere il significato di tutto. È nostra responsabilità vivere in maniera responsabile di fronte a Dio, lavorare, formare il mondo e goderne, come l'abbiamo ricevuto dal Creatore, poiché anche quelle cose che a noi appaiono gravose e senza valore vengono da Dio. "Ho visto le occupazioni che Dio dà agli uomini" (Ec 3:10).

La moralità civile crolla quando il lavoro, i possedimenti e la famiglia vengono meno. Per la moralità biblica, invece, la tragedia non significa la fine della vita. La moralità biblica offre speranza non solo nei momenti di successo e di prosperità, come fa la moralità civile, ma ci rende invece capaci, per mezzo della sua fiducia illimitata nel Creatore, di sopportare e dominare anche i mali.

L'Ecclesiaste guarda in prospettiva molti valori biblici; quei valori che diventano pericolosi quando prendono il primo posto nelle nostre vite, invece di Dio. L'autore ci mette in guardia: "Chi ama l'argento non è mai saziato con l'argento; e chi ama le ricchezze non ne trae profitto di sorta. Anche questo è vanità. Quando abbondano i beni, abbondano anche quelli che li mangiano; e quale vantaggio ne viene ai possessori, se non di vedere quei beni con i loro occhi? Dolce è il sonno del lavoratore, abbia egli poco o molto da mangiare; ma la sazietà del ricco non lo lascia dormire" (Ec 5:10-12). La ricchezza può essere un bene e può essere piacevole, ma non quando diventa il fine della nostra vita, o quando sopprime e distrugge la soddisfazione data dalla fatica. Quando cose quali la fatica, la famiglia, i possedimenti o la saggezza diventano il nostro unico fine, e la vita perde la sua prospettiva eterna, essa perde il suo significato. "Tutta la fatica dell'uomo è per la sua bocca, però l'appetito suo non è mai sazio" (Ec 6:7).

57. Speranza per la conservazione della creazione (ambientalismo)[45]

Tesi: Gli ambientalisti hanno fatto della preservazione del creato una questione politica. I credenti devono ricordare loro che non può esserci un creato senza un Creatore, e che nutrire una speranza per il creato implica avere una speranza nel Creatore.

Il dominio umano sul creato è finalizzato in primis a giovare agli esseri umani, ma nel piano di Dio doveva anche essere di giovamento al creato stesso. A differenza di coloro che non credono in Dio, chiunque seguirà le leggi della creazione di Dio gioverà anche al creato. "Il giusto ha cura della vita del suo bestiamo, ma il cuore degli empi è crudele" (Pr 12:10). Dio ha dato all'uomo la responsabilità di "lavorare" e "custodire" la Terra (Ge 2:15), quindi di modificarla e di preservarla. Questi due ordini sembrano contraddittori, ma nella vita quotidiana sono inseparabili; stanno insieme come le due facce di una moneta.

In una società modellata così marcatamente sul cristianesimo, gli ambientalisti moderni attraggono l'attenzione nell'utilizzare il termine "Creato", almeno in alcune lingue europee quali il francese e il tedesco. Purtroppo utilizzano a sproposito il termine, divinizzando la natura e annullando la differenza tra l'umanità e il resto della creazione, invece di considerare il Creatore. La Bibbia, invece, insegna che l'uomo può preservare la Terra solo quando onora Dio e si attiene alla legge divina. Quando i credenti si impegnano a proteggere l'ambiente, stanno agendo secondo i comandamenti di Dio, e non perché la natura in sé abbia un qualche diritto. I credenti devono cominciare a dare all'idea della conservazione del creato un sostrato biblico.

58. Speranza per la società

Tesi: Nonostante la salvezza personale sia il primo e più importante traguardo della nostra speranza e della missione, tuttavia possiamo anche porcene degli altri. Qualunque altro traguardo assume significato dalla speranza della salvezza personale.

Il Grande Mandato che troviamo in Matteo 28:18-20 include un'esortazione a fare discepoli. Il primo passo in quella direzione consiste

---

[45] Vedi anche Thomas Schirrmacher. Eugen Drewermann und der Buddhismus. Verlag für Theologie und Religionswissenschaft: Nürnberg, 2000[1]; 2001[2], pp. 71-116.

nel ravvedimento personale - solo gli individui possono essere battezzati - ma, procedendo un individuo per volta, si può conquistare un intera nazione. Un'alta percentuale di credenti in un popolo non è in opposizione al concetto di conversione individuale.

Del resto, la conversione non è la conclusione del rinnovamento. Il nuovo rapporto con Dio dell'individuo è l'inizio del rinnovamento nella persona stessa, nella famiglia, nella chiesa, nell'economia, nello stato e nella società. Tutti devono diventare discepoli! Poiché Gesù ordina ai suoi discepoli di andare e fare discepoli tutti i popoli ... insegnando loro a osservare tutte quante le cose che ha loro comandate, il Grande Mandato vuol dire che i credenti devono imparare l'intero spettro dell'etica biblica, che trasformerà poi completamente l'individuo e il suo ambiente, cosicché, col tempo, si elimineranno le strutture del peccato e le ingiustizie evidenti.

La pace dell'individuo con Dio, la sua salvezza personale attraverso il sacrificio di grazia di Gesù sulla croce è il fine primo e principale della missione, determinando tutte le mire successive. In Mattero 16:26 Gesù dice molto chiaramente che la salvezza dell'anima è più importante di ogni altra cosa. "Che gioverà all'uomo se, dopo aver guadagnato tutto il mondo, perde poi l'anima sua? O che darà l'uomo in cambio dell'anima sua?" Paolo utilizza lo stesso ragionamento che sia Giudei che Greci sono perduti nel loro peccato, e che Gesù solo può portare alla loro salvezza, e solamente dopo questo introduce la questione dell'etica sociale, culturale e politica. "Giustificati dunque per fede, abbiamo pace con Dio per mezzo di Gesù Cristo, nostro Signore, mediante il quale abbiamo anche avuto, per la fede, l'accesso a questa grazia nella quale stiamo" (Ro 5:1-2a).

Nel sermone sul monte Gesù sfida i credenti a far risplendere la propria luce e ad essere il sale il mondo. Immediatamente dopo le Beatitudini, Egli utilizza questi esempi per dimostrare che il credente non vive e non opera per se stesso (Mt 5:13-16). Ci ammonisce a comportarci davanti e per gli altri: "Così risplenda la vostra luce davanti agli uomini, affinché vedano le vostre buone opere e glorifichino il Padre vostro che è nei cieli" (V. 16).

Quando non riusciamo ad applicarci attivamente al benessere della nostra società, accettiamo i valori dell'ambiente in cui ci troviamo. Nessuno può vivere senza degli standard e dei valori. Se non ci sforziamo di portare nel nostro mondo i valori cristiani, o se crediamo che i nostri valori non si applichino alla società, dobbiamo trovare altrove dei valori - e dunque li cerchiamo probabilmente nella nostra società. Klaus Bockmühl, professore di

Etica, scrisse una volta: "Il pericolo maggiore per la mentalità del "battello di salvataggio" o della "ritirata" e che i suoi seguaci continuano a vivere la vita della società senza porsi domande e spesso con il successo assoluto. Poiché trovano una società che manca della guida divina, devono necessariamente comportarsi secondo i costumi locali, e arrendersi sempre più al dominio del "Principe di questo mondo".[46]

59. Speranza per la famiglia

Tesi: La missione e il messaggio di speranza nasce nelle chiese cristiane e nelle famiglie, le quali insegnino la Parola di Dio alla prossima generazione per mezzo dell'esempio, della disciplina e dell'educazione.

Certo non dobbiamo smettere di proclamare la Parola di Dio a coloro che non la conoscono, ma allo stesso tempo non dobbiamo assolutamente lasciare da parte la famiglia cristiana, poiché una famiglia cristiana sana è il requisito del leader nella chiesa neo-testamentaria (1 Ti 3:4-5,12-13; Tito 1:6-7). Quando cediamo i nostri figli allo stato, è poi inutile impegnarci per influenzare le nostre chiese, la nostra economia, la nostra società e il nostro Stato, in quanto abbiamo rinunciato al metodo migliore per cambiarla in futuro.

L'educazione dei nostri figli è il passo più importante per conferire speranza e politiche sociali, poiché stiamo preparando degli esseri umani alla vita, insegnando loro i valori basilari e i principi del contatto sociale. Dio ha creato la famiglia affinché la generazione più giovane possa imparare dai loro modelli adulti le direttive bibliche per il benessere dell'intera società. In quale luogo altro che nella propria casa le persone potrebbero imparare ad essere altruisti, a non invidiare, ad aiutare i deboli o a lodare gli altri? Non ci ritiriamo da quegli aspetti della vita che Dio ci ha messo tra le mani! Utilizziamo le opportunità che abbiamo per influenzare l'educazione fondando scuole cristiane e incoraggiando la presenza di insegnanti credenti nelle scuole statali.

Le famiglie sane e quelle cristiane possono esistere soltanto fin quando si mantengono intatte quelle aree lasciateci dallo stato e dalla società. Se vogliamo preservare la famiglia, dobbiamo incoraggiare e dare supporto agli sforzi dei credenti per influenzare la nostra società, poiché la società è ciò

---

[46] Klaus Bockmühl. Theologie und Lebensführung: Gesammelte Aufsätze II. TVG. Brunnen: Gießen, 1982, p. 131.

che in larga misura determina ciò che la famiglia può fare. La distruzione della famiglia è causata da forze di carattere sociale, cui ci si può opporre solo se le famiglie prendono ad influenzare la società per il proprio bene. I tentativi degli stati comunisti di distruggere la famiglia cristiana parlano da sé.

La famiglia moderna sta perdendo la sua autorità e le sue più importanti funzioni, e le stanno restando solo frammenti delle sue precedenti responsabilità verso l'economia, l'educazione e il benessere della società. Con l'abbandono da parte della famiglia dei suoi ruoli essenziali, il posto di lavoro si è allontanato da casa, il sesso all'esterno del matrimonio sono messi sullo stesso piano con il legame coniugale, e gli anziani, i malati, i disabili vengono segregati in "case". Sono quando i valori cristiani saranno ravvivati si potranno di nuovo sviluppare la vita famigliare e le responsabilità famigliari.

60. Speranza per l'economia

Tesi: Siccome siamo stati creati tali da dipendere dalla speranza per essere motivati nel nostro lavoro e nei nostri sforzi in materia economica, le nostre visioni sul futuro influenzano fortemente la nostra etica economica.

Parlando del suo lavoro missionario, Paolo disse: "Infatti per questo fatichiamo e combattiamo: abbiamo riposto la nostra speranza nel Dio vivente, che è il Salvatore di tutti gli uomini, soprattutto dei credenti" (1 Ti 4:10) e "Perché chi ara deve arare con speranza e chi trebbia il grano deve trebbiarlo con la speranza di averne la sua parte" (1 Co 9:10). Siccome la missione è solo un aspetto del lavoro, egli applica gli stessi principi agli uffici degli anziani (1 Ti 5:17-20; 1 Co 9:9-18).

Sebbene molti credenti non riescano a comprendere le conseguenze sociali alla lunga di alcuni comandamenti biblici/cristiani, analisti secolari si rendono che i principi biblici hanno effetti abbastanza pratici sull'economia. Helmut Shoeck, professore di Sociologia, scrivendo a proposito della condanna biblica dell'invidia nei Dieci Comandamenti e nelle parole di Gesù afferma "Il Nuovo Testamento si rivolge quasi sempre all'individuo invidioso, e lo esorta a sopportare la differenza tra sé e il suo prossimo con maturità e come un credente. Nella società occidentale l'etica cristiana ha protetto e incoraggiato gli sforzi creativi dell'uomo, e ha reso possibile le sue imprese limitando la sua cupidigia."[47]

Coloro che nutrono la propria invidia rifiutano un insegnamento essenziale della fede cristiana e trasformano la società in un terribile campo di battaglia.

61. Speranza per il sistema legale

Tesi: La speranza cristiana del giudizio di Dio, incorruttibile e di vasta portata, ci incoraggia a cercare la verità e la giustizia qui sulla terra, anche se queste possono essere solo incomplete e vengono continuamente minacciate dalla malvagità e dalle limitazioni umane.

La speranza si basa sempre sull'aspettativa della giustizia, ma, se si prescinde da Dio, l'esperienza ci insegna: "Aspettiamo la rettitudine, ma essa non viene" (Is 59:11). Il credente sa, ciononostante, che: "Poiché, quanto a noi, è in spirito, per fede, che aspettiamo la speranza della giustizia" (Gal 5:5). In qualunque maniera vogliamo interpretare gli insegnamenti biblici sul giudizio finale,(sia che crediamo che la giustizia sarà, o potrà essere, attesa prima di allora sia che non lo crediamo), qualunque ricerca della giustizia trova qui il suo significato e la sua dignità.

Le radici dello stato costituzionale sono da ricercarsi in molteplici idee filosofiche, ma il suo sostrato primario si trova nella dottrina biblica della Legge. Una qualunque negazione di questo fondamento sottomette la giustizia al capriccio.

Il basilare diritto civile ad un processo legale equo è un antico principio riscontrabile sia nell'Antico Testamento che nel Nuovo. La definizione di legge implica un giudice equo, e Dio è il prototipo (Vedi, per esempio, De 10:17-18; Sl 7:9,12; 9:5; 50:6; 58:2-3; 75:3,8). Un giudice equo opera sempre come incaricato di Dio (2 Cr 19:6-7). Il magistrato deve comprendere che Dio lo vede e sta dalla parte dell'innocente: "Quando uno viola i diritti di un uomo in presenza dell'Altissimo, quando si fa torto a qualcuno nella sua causa, Il Signore non lo vede forse?" (La 3:35-36).

Un verdetto deve essere pronunciato in maniera imparziale (De 1:17; 2 Cr 19:7; Pr 18:5; 24:23; Gb13:10; Col 3:25; Ef 6:9), poiché Dio è imparziale (vedi De 19:17-18). Solo i giudici iniqui prendono un partito (Is 3:9). Il

---

[47] Helmut Schoeck. Der Neid und die Gesellschaft. Ullstein: Frankfurt, 1987.

pregiudizio non deve influenzare in alcun modo il verdetto (1 Tim 5:21), e il caso deve essere sondato a fondo (vedi, per esempio, De 17:4).

Le Scritture, quindi, ci vietano qualunque doppiezza legale, quale l'esistenza di una legge per il ricco, e un'altra per il povero. Anche gli stranieri godevano degli stessi diritti legali degli israeliti secondo la Legge dell'Antico Testamento (Es 12:49). "Non commetterete iniquità nel giudicare; non avrai riguardo alla persona del povero, né tributerai speciale onore alla persona del potente; ma giudicherai il tuo prossimo con giustizia" (Lev 19:15). Dio difende i diritti del povero e del bisognoso (Pr 29:7; 31:8). In effetti la Bibbia indica la giustizia di una nazione sulla base del suo modo di trattare i deboli. Il benessere dei ceti regnanti non è più importante della condizione dei bisognosi. Le Scritture non giudicano sulla base dello status dei ricchi, che hanno mezzi e potere per difendere i propri diritti, ma sulla situazione dei poveri, delle vedove, degli orfani di fronte al sistema legale. "Apri la bocca in favore del muto, per sostenere la causa di tutti gli infelici; apri la bocca, giudica con giustizia, fa' ragione al misero e al bisognoso" (Pr 31:8-9). Dio, Creatore e Signore dell'umanità vuole che ci trattiamo vicendevolmente come creati ad immagine di Dio e come esseri umani, non come animali.

Senza legge non può esserci alcuna giustizia, e senza giustizia nessuno stato può essere gradito a Dio. Solo dall'inizio dell'età moderna, modellata secondo principi cristiani e biblici, i grandi della terra sono soggetti a leggi e giustizia. Per nostra fortuna sono terminati i tempi in cui un re poteva affermare: "Io sono lo Stato!"[48]

Le più alte autorità dello stato, perfino lo Stato stesso sono soggette alla legge, devono obbedire alla legge, e possono essere incriminate e condannate quando non lo fanno. Come credenti abbiamo un ruolo importante da svolgere, poiché senza la giustizia il potere diventa dispotismo. "La giustizia innalza una nazione, ma il peccato è la vergogna dei popoli" (Pr 14:34). S. Agostino, uno dei padri della chiesa, scrisse: "Cos'è lo stato se non una banda di briganti, se non c'è legge? Le bande di briganti sono piccoli stati."[49] Egli illustra quest'affermazione con un esempio chiarificante: quando Alessandro Magno chiese ad un pirata come si permettesse di

---

[48] Il 7 Settembre 1891 l'imperatore di Germania Guglielmo II, spinto dalla sua vanità senza confini, firmò nel Libro Dorato di Monaco con la formula "Suprema lex regis voluntas" (La legge suprema è la volontà del re).

[49] Aurelius Augustinus. Vom Gottesstaat. Bd. 1. dtv-klassik. dtv: Monaco, 1988. p.173.

70

rendere il mare un luogo così pericoloso, questo rispose con tono di sfida: "Per il semplice fatto che utilizzo una sola piccola nave, mi chiami un ladro. Tu invece fai lo stesso con una flotta intera, e ti chiami imperatore."[50]

Fin a quando rifiuteremo di prendere come modello il nostro Dio imparziale, la corruzione aumenterà sempre più in Europa. Solo pochi comprendono che questa è la conseguenza logica al nostro rifiuto dei principi cristiani. "L'empio accetta regali di nascosto per pervertire le vie della giustizia" (Pr 17:23). Voltando le spalle a Dio rinunciamo al modello di un giudice equo, la cui giustizia e integrità assolute sono alla base di ogni rifiuto di qualunque forma di perversione della giustizia. L'Antico Testamento non lo descrive forse del continuo come "il Dio grande, forte e tremendo, che non ha riguardi personali e non accetta regali" (De 10:17)? "Ora il timore del Signore sia in voi; agite con prudenza, poiché presso il Signore, nostro Dio, non c'è perversità, né favoritismi, né si prendono regali" (2 Cr 19:7).

E' stato un cristiano evangelico, ispirato dalla sua speranza cristiana, a portare allo scoperto la corruzione sfrenata nella Comunità Europea e che ha spinto la Commissione a dare le dimissioni. Vediamo qui le immense conseguenze che possono avere, anche nelle piccole questioni, l'onestà e i valori biblici. Il suo libro riguardante quest'esperienza è intitolato "Integrità per l'Europa"![51] Che programma! Un'unica goccia può essere il principio d'un oceano!

62. Speranza per i politici

Tesi: Nella Bibbia, uomini timorati di Dio spesso avevano posizioni di responsabilità come ufficiali o governatori nei propri governi - perché non è così in Europa?

Le Scritture raccontano di molti giudici, re e ufficiali timorosi di Dio, sia in Israele che altrove. Dio rese Giuseppe l'uomo più potente d'Egitto dopo il faraone e mise Daniele in posizioni di grandissimo potere in vari imperi. In quanto regina, Ester aveva un certo peso nell'impero persiano e Neemia ebbe il ruolo di governatore sotto un re pagano. Nabucodonosor, re di Babilonia, si convertì; il re di Ninive si pentì, quando sentì il messaggio di

---

[50] Ibid., p.174.

[51] Paul van Buitenen. Blowing the Whistle: Fraud in the European Commission. Politico's Publ.: London, 2000.

Giona. Naaman, braccio destro del re di Siria, si convertì attraverso la testimonianza di un'ancella israelita e il contatto con il profeta Eliseo. Tutte queste persone conservarono la propria posizione dopo la conversione. Il Nuovo Testamento racconta di numerosi soldati e ufficiali romani (per esempio Mt 8:5-13; 15:39; 27:54; Lu 7:2-9; 23:47; At 10:1-48) e di Dionisio (At 17:34), areopagita ad Atene, che si convertirono, senza dover per questo rinunciare alla propria carica.

Nel Nuovo Testamento sono fornite chiari e giusti precetti agli ufficiali credenti del tempo riguardo ai loro compiti come esattori delle tasse, come soldati o come poliziotti. Giovanni Battista, ad esempio, disse a dei pubblicani: "Anche gli esattori delle tasse possono essere battezzati." Essi chiesero: "Maestro, cosa dobbiamo fare?" "Non riscuotete nulla più del dovuto", rispose. Poi alcuni soldati gli chiesero: "E noi, cosa dobbiamo fare?" "Non fate estorsioni, e non opprimete nessuno con false denunce, e siate contenti della vostra paga" (Lu 3:12-14; vedi anche Lu 7:29). Dopo la sua conversione, Zaccheo, un pubblicano, rimborsò coloro che aveva oppresso (Lu 10:1-10): "Ma Zaccheo si fece avanti e disse al Signore: "Ecco, Signore, io do la metà dei miei beni ai poveri; se ho frodato qualcuno di qualcosa gli rendo il quadruplo" (Lu 19:8; vedi anche Es 22:1).

Molti credenti vedono la politica come una cosa malvagia per definizione, ma perché sorprendersi che sia un affare così "sporco" se noi ci rifiutiamo di parteciparvi? Perché mai i politici dovrebbero interessarsi ai valori dettati da Dio quando è la stessa chiesa ad incoraggiarli ad ignorare tali valori? In effetti anche una politica buona è un lavoro che potremmo definire "sporco", visto che la responsabilità principale della politica è di combattere il crimine e la malvagità. Se Dio ha dato autorità allo stato, questa non può essere fondamentalmente sbagliata, come non è fondamentalmente sbagliata l'autorità dei genitori, anche se quei genitori che non prendono in considerazione il volere di Dio possono utilizzare malamente il proprio potere. La politica non distrugge il carattere, anzi lo rivela. Se tutte le persone timorate di Dio si ritirano dalla vita politica, non possiamo aspettarci altro se non che i loro posti siano presi da persone non timorate di Dio.

Dobbiamo imparare che, nonostante Dio intenda la chiesa e lo stato come due entità separate, tuttavia entrambe queste istituzioni hanno responsabilità date loro da Dio, e i valori insegnati dalla chiesa e dati da Dio sono validi per la creazione nella sua totalità. I singoli credenti non propongono un dato indirizzo politico come rappresentanti della chiesa, ma come cittadini. Compito della chiesa è di insegnare al governo principi ispirati da Dio, senza forzare le proprie idee sullo stato e senza prendere il potere.

63. Speranza nella pace

Tesi: La speranza per una pace visibile sia in questioni minori sia in questioni maggiori cresce dall'invisibile pace con Dio, poiché Dio desidera un futuro di pace. "Infatti io so i pensieri che medito per voi, - dice il Signore -, pensieri di pace e non di male, per darvi un avvenire e una speranza" (Gr 29:11).

Il rapporto dell'individuo con Dio determina la sua moralità personale oltre che la sua etica sociale. Nell'epistola ai Romani Paolo dimostra la condizione di perdizione dei Greci ed degli Ebrei indistintamente, e il loro bisogno della salvezza in Cristo. Nel capitolo 5 scrive: "Giustificati dunque per fede, abbiamo pace con Dio per mezzo di Gesù Cristo, nostro Signore, mediante il quale abbiamo anche avuto, per la fede, l'accesso a questa grazia nella quale stiamo fermi; e ci gloriamo nella speranza della gloria di Dio" (Ro 5:1-2). Solo allora inizia a discutere l'etica personale (Ro 6-8), culturale (Ro 14-15) e politica (Ro 13:1-7). L'epistola ai Romani mostra che la nostra fede personale ha conseguenze di carattere pratico in questioni quotidiane quali il lavoro, la nazione e lo stato. Non possiamo limitare la fede al nostro rapporto personale con Dio e alla chiesa senza dover eliminare grosse porzioni dell'epistola ai Romani!

Poiché le "guerre e contese", che comprendono anche i conflitti tra credenti, derivano dai nostri desideri (Gm 4:1-2), dal nostro essere interiore, l'unica difesa deve venire anche essa dall'interno, dalla pace con Dio e con gli altri essere umani. Questa pace, che nasce nei nostri cuori, deve inondare le nostre vite e riempirle completamente.

64. La speranza significa dialogo e non violenza

Tesi: La speranza ci dà la serenità necessaria alla discussione di questioni con coloro che hanno posizioni differenti.

Il dialogo, la discussione pacifica, l'ascolto paziente e onesto, e l'imparare dagli altri, sono virtù cristiane, ma non possiamo rinunciare alla rivendicazione assoluta del cristianesimo alla verità o alla sua responsabilità nella missione a livello mondiale, senza così distruggere del tutto la nostra fede.

Il dialogo tra credenti e seguaci di altre religioni o correnti di pensiero è possibile nella misura in cui riusciamo a portare avanti una discussione pacifica della nostra fede "Siate sempre pronti a rendere conto della speranza che è in voi a tutti quelli che vi chiedono spiegazioni. Ma fatelo con mansuetudine e rispetto" (1 Pi 3:15-16a), ascoltare ciò che gli altri hanno da dire (Gm 1:1), essere pronti a imparare dalle altrui esperienze in molte aree della vita (vedi il libro dei Proverbi), ed esaminare noi stessi e il nostro comportamento.

Un dialogo che necessita di una negazione anche solo temporanea o teorica della verità assoluta dell'affermazione di Gesù "Io sono la via, la verità e la vita; nessuno viene al Padre se non per mezzo di me" (Gv 14:6), del Vangelo (Ro 1:16-17; 2:16) o della Parola di Dio (2 Ti 3:16-17; Eb 4:12-13; Gv 17:17), o che implica il porre sullo stesso piano la rivelazione delle Scritture Bibliche e i testi sacri di altri credi, è assolutamente incompatibile con la missione cristiana e con la natura stessa del cristianesimo. La rivendicazione biblica all'autorità assoluta è espressa in maniera molto chiara in dottrine riguardanti il giudizio finale e la vita eterna. Ebrei 6:1-2 elenca "la resurrezione dai morti, il giudizio eterno" tra i 6 fondamenti essenziali della nostra fede. La chiesa ha affermato questi concetti durante tutta la sua storia come ci ricorda lo stesso Credo Apostolico.

65. Speranza per le chiese

Tesi: Solo le chiese che hanno esse stesse una speranza possono dare speranza all'Europa. Per questo abbiamo bisogno di guide che vivono e insegnano la speranza.

Dobbiamo ricordare che Dio desidera una crescita della chiesa, sia come fondazione di nuove chiese locali, sia come crescita di quelle già esistenti; sia la crescita numerica che il profondo sviluppo spirituale, l'amore personale nei confronti di Dio e della Sua Parola, e la speranza che si radica nelle Sue illimitate possibilità.

Tante chiese europee si sono rassegnate alla secolarizzazione e all'esoterizzazione della nostra società. Numerosi leader di chiese continuano a sacrificarsi nel servizio, ma non hanno prospettive per il futuro. Amministrano la situazione così come l'hanno ereditata, ma non hanno alcun messaggio per il futuro né alcuna visione delle possibilità di Dio.

L'Europa ha bisogno di guide che abbiano speranza. Dobbiamo abbandonare il nostro sistema d'istruzione teologica intellettuale, filosofica e teoretica, e sviluppare invece un programma di preparazione che sia nuovo e vibrante, come quelli utilizzati da Gesù o da Paolo. Necessitiamo di una preparazione che trasformi le opere per mezzo della trasformazione del pensiero e che si confronti con le questioni pratiche attinenti al giorno d'oggi. Solo coloro che nutrono una reale speranza possono insegnarla alla prossima generazione di leader.[52]

66. C'è speranza per la politica quando la chiesa si ravvede

Tesi: A partire dal rinnovamento biblico-riformista dell'individuo, e attraverso il rinnovamento della famiglia, la chiesa cristiana deve cominciare a ripristinare la Riforma.

"Infatti è giunto il tempo in cui il giudizio deve cominciare dalla casa di Dio" (1 Pi 4:17)[53], poiché l'affermazione di Paolo riguardo ai giudei, che si accorda con l'Antico Testamento, è valido allo stesso modo anche per la chiesa: "Come è scritto: Il nome di Dio è bestemmiato tra i gentili a causa vostra" (Romani 2:24). I peccati dei credenti e della chiesa sono più gravi di quelli del "mondo": "Se infatti, dopo aver fuggito le corruzioni del mondo mediante la conoscenza del Signore e Salvatore Gesù Cristo, si lasciano di nuovo avviluppare in quelle e vincere, la loro condizione ultima diventa peggiore della prima. Perché sarebbe stato meglio per loro non aver conosciuto la via della giustizia, che, dopo averla conosciuta, voltare le spalle al santo comandamento che era stato dato loro." (2 Pi 2:20-21).

Ribadiamo: ce un solo modo per rinnovare la politica e la nostra società. Importante com'è esaminare la Legge di Dio per comprendere che cosa c'è che non va, e per riscoprire il modus operandi di Dio, dobbiamo cominciare da noi stessi: "Se il mio popolo, sul quale è invocato il mio nome, si umilia, prega, cerca la mia faccia e si converte dalle sue vie malvagie, io lo esaudirò dal cielo, gli perdonerò i suoi peccati, e guarirò il suo paese" (2 Cr 7:14). Poi possiamo iniziare a pregare davvero per la nostra

---

[52] Vedi Thomas Schirrmacher. "Jesus as Master Educator and Trainer". Training for Cross-cultural Ministries (World Evangelical fellowship) 3/2000: pp. 6-8; "Ausbilden wie Jesus und Paulus", pp. 7-43 in: Klaus W. Müller, Thomas Shirrmacher (Hg.). Ausbildung als missionarisher Auftrag. Referate der Jahrestagung 1999 des afem. Edition afem - mission reports 7. Verlag für Kultur und Wissenschaft: Bonn, 1999.

[53] Giovanni Calvino enfatizza in particolare quest'idea. Vedi Heinrich Berger. Calvins Geschichtsauffassung. Studien zur Dogmengeschichte und Systematischen Theologie 6. Zwingli Verlag: Zürich, 1956, p. 229.

società e per i nostri governi. Dobbiamo sperare che Dio non sia costretto a dire di noi la stessa cosa che ha detto di Israele: "Io ho cercato fra loro qualcuno che riparasse il muro e stesse sulla breccia davanti a me in favore del paese, perché io non lo distruggessi; ma non l'ho trovato" (Ez 22:30). "Il vangelo autentico deve risultare evidente nella vite trasformata di uomini e donne. Così come annunciamo l'amore di Dio dobbiamo esercitare un servizio caratterizzato dall'amore; così come predichiamo il Regno di Dio dobbiamo essere fedeli ai suoi principi di giustizia e pace" (Manifesto Manila del Movimento di Losanna).

Or il Dio della speranza vi riempia di ogni gioia e di ogni pace nella fede, affinché abbondiate nella speranza, per la potenza dello Spirito Santo (Ro 15:13).

Thomas Schirrmacher è nato nel 1960. È presidente del comitato di GIVING HANDS, un'associazione ONLUS tedesca che si impegna ad aiutare le persone bisognose di tutto il mondo. È presidente del Seminario Teologico Martin Bucer e professore di etica e di missioni mondiali sia in Germania che in Romania (Università di Oradea) di sociologia delle religione e di sviluppo internazionale (ACTS University, Bangalore, India).

Ha scritto e pubblicato più di 40 libri. Detiene i seguenti titoli: Laurea in Teologia (STH Basilea, Svizzera), Drs. Theol. (Theologische Hogeschool, Kampen, Paesi Bassi), Dr. Theol. in Missiologia (Johannes Calvin Stichting, Kampen, Paesi Bassi), Ph. D. in Antropologia Culturale (Pacific Western University, Los Angeles), Th. D. in Etica (Whitefield Theological Seminary, Lakeland), Dr. theol. in Scienza delle Religioni Comparata (Universität Bonn), D.D. (Dottorato onorario, Stati Uniti ed India).

All'interno dell'istituto Commissione per la Libertà Religiosa dell'Alleanza Evangelica Mondiale, si impegna a sostenere i diritti umani e a combattere la persecuzione dei cristiani. È un membro del consiglio di amministrazione della società internazionale dei diritti umani (Internationale Gesellschaft für Menschenrechte).

È sposato con la dott.sa Christine Shirrmacher, un'esperta nel campo dell'Islam, e ha un figlio ed una figlia.

Questo volume è disponibile in 14 lingue europee. Altre lingue sono in fase di traduzione. È stato pubblicato con la collaborazione delle seguenti associazioni:

Giving Hands

Adenauerallee 11, 53111 Bonn, Germania

Fax: 0049 / 228 / 69 55 32, info@gebendehaende.de

http://www.giving-hands.de

Ccp per l'invio di doni: No. 206 000 002, Codice bancario 370 800 40

Gebende Hände (Mani che danno) è una organizzazione ONLUS in Germania che si occupa di dare aiuto ai poveri e bisognosi in 40 paesi del mondo. Il nostro itnento è di aiutare le persone ad aiutarsi da sè. La comunità cristiana ha un ruolo importante in questa organizzazione sebbene non siamo legati ad una qualche chiesa in particolare. Operiamo con l'aiuto delle chiese locali in tutto il mondo, e collaboriamo con altre organizzazioni umanitarie e con uffici governativi.

Martin Bucer Seminar
Bonn/Hamburg/Pforzheim

Friedrichstr. 38, 53111 Bonn, Germania
Doerriesweg 7, 22525 Hamburg, Germania

Fax 0049 / 228 / 96 50 38-9, info@bucer.de

http://www.bucer.de

Ccp per l'invio di doni: IWG e.V.,
No. 613161804, Codice bancario 700 100 80

Il **Martin Bucer Seminar** offre un'educazione teologica a tutti i livelli (Scuola Biblica, Master in teologia, Dottorato) per coloro chelavorano e per gli operai a pieno tempo quali i pastori e i missionari. L'insegna-mento si svolge attraverso seminari di sabato, lezioni serali, corsi a distanza, materiale per lo studio personale e attraverso il tirocinio. Accreditiamo i corsi svolti in quasi tutte le altre scuole di insegnamento teologico. Le lezioni sono in gran parte fatte in tedesco, alcune sono inglese. Buona parte del materiale di studio è anche in inglese.

Istituto Biblico Evangelico Italiano (IBEI)

Via del Casale Corvio 50, 00132 Roma
Tel. 06 / 20762293, Fax 06 / 2070151
Info: segreteria@ibei.it
Sito web: http://www.ibei.it
Ccp per l'invio di doni: No. 74358003

L'IBEI offre due programmi **residenziali**: un Anno di Formazione bibli-co-pratica e un Corso di Diploma della durata di 3 anni, con 3 indirizzi di specializzazione: Ministero Cristiano; Esegesi e Lingue Bibliche; Missiologia. Il Diploma è accreditato dall'Associazione Evangelica Europea per l'Accreditamento (EEAA). La **scuola per corrispondenza** permette di completare l'equivalente di un anno di studio residenziale. L'IBEI offre alle chiese locali un programma di formazione *in loco*: SFIDA (Seminario di Formazione Interattiva per Diaconi e Anziani). L'Istituto pubblica un giornale teologico semestrale, *Lux Biblica*.

APICE

(Associazione Professionisti Imprenditori Cristiani Evangelici)

*UN'ASSOCIAZIONE DI CRISTIANI
CON LA VOCAZIONE DELL'IMPRESA*

Apice è una associazione di professionisti e imprenditori cristiani evangelici nata come un punto di incontro per chi svolge un lavoro autonomo o ricopre incarichi di responsabilità. Crediamo che essere cristiani impegnati nel settore imprenditoriale o professionale sia un privilegio, ma richieda altresì impegno per vivere in maniera coerente la propria fede di fronte ai propri dipendenti, collaboratori, fornitori, clienti.

Per questo, come imprenditori e professionisti di fede cristiana evangelica, abbiamo senti-to il desiderio e la necessità di conoscerci, frequentarci, confrontare le nostre esperienze di fede e di lavoro, approfondire insieme con l'aiuto di strumenti e di esperti il modo mi-gliore per vivere un comportamento e un'etica degni della nostra vocazione.

A livello personale vogliamo impegnarci a mettere in primo piano nella nostra prospetti-va di vita la preghiera, la lettura della Bibbia e la meditazione personale.

Come associazione desideriamo concentrarci in modo strutturato e organizzato tre obiet-tivi principali: culturale, relazionale, evangelistico.

Sito internet: www.apiceitalia.com
E-mail: info@apiceitalia.com
Per info contattare: Daniele Salini (335-5222298) o Raffaele Russo (335-1248964)

Dichiarazione di Fede dell'Alleanza Evangelica Italiana

L'Alleanza Evangelica Italiana (A.E.I.) è fondata sulla confessione di fede apostolica che "Gesù Cristo è il Signore" (Fl. 2:11; Lc. 24:44-49) in accordo con tutte le verità fondamentali del cristianesimo biblico.

1. Noi crediamo che le Sante Scritture, nel canone riconosciuto dal cristianesimo evangelico, ci sono state date da Dio, sono divinamente ispirate ed infallibili. Come Parola di Dio esse sono la nostra suprema autorità in ogni materia di fede e di condotta (2 Ti. 3:16; 2 Pi. 1:21; Mt. 24:15; Sl. 119:105).

2. Noi crediamo in Dio, uno, eternamente esistente in tre persone: Padre, Figlio e Spirito Santo (Sl. 102:27; Mt. 28:19; Gv. 5:7).

3. Noi crediamo nel nostro Signore Gesù Cristo, unico mediatore, Dio manifestato nella carne, nato da Maria vergine, vero uomo ma senza peccato, nei Suoi miracoli divini, nella Sua risurrezione corporale, e nel Suo ritorno in potenza e in gloria (Cl. 2:18; Is. 7:14; Eb. 4:15; At. 2:22; 1 Pi. 3:18; Mr. 16:19; 1 Ti. 2:5; Lu. 21:27; Gv. 4:30,31).

4. Noi crediamo che, a causa del peccato, l'intera stirpe umana è corrotta e perduta, e che l'uomo, peccatore e perduto, può essere salvato soltanto per mezzo della morte espiatoria e della risurrezione del Signore Gesù cristo - mediante la fede e non per opere - e dalla rigenerazione operata in lui dallo Spirito Santo (Ro. 5:12; 1 Pi. 1:19,20; 1 Pi. 1:19,20; Ro. 10:0; Ef. 2:8,9; Tt. 3:5).

5. Noi crediamo nella Persona dello Spirito Santo, il cui ministero è quello di glorificare il Signore Gesù Cristo, di convincere il mondo di peccato, di impartire la vita al peccatore che si ravvede e crede in Cristo, e dimorare in comunione con il credente, santificandolo per mezzo della verità, e dandogli la forza di vivere una vita santa, di testimonianza e di servizio per il Signore Gesù Cristo (Gv. 16:13,14; 16:8; 6:63; 1 Gv. 5:1; Ro. 8:9; 1 Pi. 1:2; At. 1:8).

6. Noi crediamo che la Chiesa è composta da tutte quelle persone che, avendo creduto in Cristo per la loro salvezza, ed essendo state rigenerate dallo Spirito Santo, sono spiritualmente unite nel corpo di Cristo, di cui Egli è Capo (At. 2:47; 1 Co. 12:24-27; Cl. 1:8).

7. Noi crediamo nella corporale risurrezione di tutti i morti; dei credenti a vita eterna e benedetta con il Signore, e degli increduli a giudizio e ad eterna punizione (Gv. 5:28,29; 1Ts. 4:16,17; Ap. 20:11-15).

Approvata dall'Assemblea Generale dell'AEI, Roma, 12.5.1997

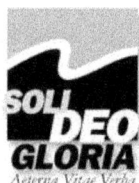

SOLI DEO GLORIA
Aeterna Vitae Verba

I nostri obiettivi :

⇨ Essere una voce biblica nel contesto evangelico italiano.

⇨ Produrre testi, libri e riviste in un formato economico, allo scopo di facilitare una vasta distribuzione

⇨ Pubblicare testi i cui contenuti siano in armonia con la confessione di fede dell'Alleanza Evangelica Italiana, allo scopo di comprendere la ricchezza di far parte del popolo di Dio.

⇨ Promuovere il dialogo, il rapporto e l'unità tra le varie chiese e denominazioni evangeliche, con i quali possiamo condividere le verità centrali della Parola di Dio.

⇨ Soli Deo Gloria non prende posizioni su questioni dottrinali secondarie, ma rispettando la convinzione degli stessi autori, pubblica testi e libri che possano essere di edificazione per il corpo di Cristo.

⇨ Incoraggiare i credenti a pregare per un risveglio in Italia.

⇨ Aiutare i credenti nella formazione biblica.

⇨ Trasmettere una visione missionaria, in vista dell'adempimento del grande mandato.

Tutte le nostre pubblicazioni sono distribuite gratuitamente. I costi di stampa vengono coperti sulla base di offerte libere.

Chiunque si sentisse in cuore di donare qualcosa per il nostro ministerio, può utilizzare il conto corrente postale n. 54065164 intestato a:

Associazione SOLI DEO GLORIA – Aeterna Vitae Verba

Per avere maggiori informazioni e per essere informati sulle prossime pubblicazioni, potete rivolgervi a:

SOLI DEO GLORIA
C.P. 113
29100 Piacenza
Tel. 0523 / 453281
E-mail: kurtjost@tin.it

www.ingramcontent.com/pod-product-compliance
Lightning Source LLC
Chambersburg PA
CBHW062024040426
42447CB00010B/2129